编辑委员会名单

中国地方社会科学院学术精品文库·浙江系列

中国地方社会科学院学术精品文库·浙江系列

保险协同治理研究

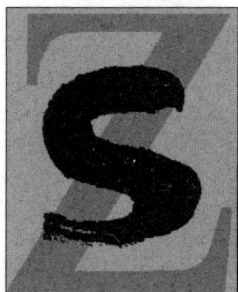

A Study of Insurance
Cooperative Governance

● 王海明 / 著

社会科学文献出版社
SOCIAL SCIENCES ACADEMIC PRESS (CHINA)

本书为浙江省重点软科学研究项目"保险业改革创新与社会管理研究"后续研究成果，为浙江省社会科学院 2016 年度院课题"保险业协同社会管理：原理、实践与制度建构"结项成果，本书出版得到浙江省社会科学院省级社会科学学术著作出版资金、浙江省社会科学院浙江省地方法治研究中心的资助。

打造精品　勇攀"一流"

《中国地方社会科学院学术精品文库·浙江系列》序

　　光阴荏苒，浙江省社会科学院与社会科学文献出版社合力打造的《中国地方社会科学院学术精品文库·浙江系列》（以下简称《浙江系列》）已经迈上了新的台阶，可谓洋洋大观。从全省范围看，单一科研机构资助本单位科研人员出版学术专著，持续时间之长、出版体量之大，都是首屈一指的。这既凝聚了我院科研人员的心血智慧，也闪烁着社会科学文献出版社同志们的汗水结晶。回首十年，《浙江系列》为我院形成立足浙江、研究浙江的学科建设特色打造了高端的传播平台，为我院走出一条贴近实际、贴近决策的智库建设之路奠定了坚实的学术基础，成为我院多出成果、快出成果的主要载体。

立足浙江、研究浙江是最大的亮点

　　浙江是文献之邦，名家辈出，大师林立，是中国历史文化版图上的巍巍重镇；浙江又是改革开放的排头兵，很多关系全局的新经验、新问题、新办法都源自浙江。从一定程度上说，在不少文化领域，浙江的高度就代表了全国的高度；在不少问题对策上，浙江的经验最终都升华为全国的经验。因此，立足浙江、研究浙江成为我院智库建设和学科建设的一大亮点。《浙江系列》自策划启动之日起，就把为省委、省政府决策服务和研究浙江历史文化作为重中之重。十年来，《浙江系列》涉猎领域包括经济、哲学、社会、文学、历史、法律、政治七大一级学科，覆盖范围不可谓不广；研究对象上至史前时代，下至21世纪，跨度不可谓不大。但立足浙江、研究浙江的主线一以贯之，毫不动摇，为繁荣我省哲学社会科学事业积累了丰富的学术储备。

贴近实际、贴近决策是最大的特色

学科建设与智库建设双轮驱动，是地方社会科学院的必由之路，打造区域性的思想库与智囊团，是地方社会科学院理性的自我定位。《浙江系列》诞生十年来，推出了一大批关注浙江现实，积极为省委、省政府决策提供参考的力作，主题涉及民营企业发展、市场经济体系与法制建设、土地征收、党内监督、社会分层、流动人口、妇女儿童保护等重点、热点、难点问题。这些研究坚持求真务实的态度、全面历史的视角、扎实可靠的论证，既有细致入微、客观真实的经验观察，也有基于顶层设计和学科理论框架的理性反思，从而为"短、平、快"的智库报告和决策咨询提供了坚实的理论基础和可靠的科学论证，为建设物质富裕、精神富有的现代化浙江贡献了自己的绵薄之力。

多出成果、出好成果是最大的收获

众所周知，著书立说是学者成熟的标志；出版专著，是学者研究成果的阶段性总结，更是学术研究成果传播、转化的最基本形式。进入20世纪90年代以来，我国出现了学术专著出版极端困难的情况，尤其是基础理论著作出版难、青年科研人员出版难的矛盾特别突出。为了缓解这一矛盾和压力，在中共浙江省委宣传部、浙江省财政厅的关心支持下，我院于2001年设立了浙江省省级社会科学院优秀学术专著出版专项资金，从2004年开始，《浙江系列》成为使用这一出版资助的主渠道。同时，社会科学文献出版社高度重视、精诚协作，为我院科研人员学术专著出版提供了畅通的渠道、严谨专业的编辑力量、权威高效的书稿评审程序，从而加快了科研成果的出版速度。十年来，我院一半左右科研人员都出版了专著，很多青年科研人员入院两三年就拿出了专著，一批专著获得了省政府奖。可以说，《浙江系列》已经成为浙江省社会科学院多出成果、快出成果的重要载体。

打造精品、勇攀"一流"是最大的愿景

2012年，省委、省政府为我院确立了建设"一流省级社科院"的总体战略目标。今后，我们将坚持"贴近实际、贴近决策、贴近学术前沿"的科研理念，继续坚持智库建设与学科建设"双轮驱动"，加快实施"科研立院、人才兴院、创新强院、开放办院"的发展战略，努力在2020年年底总体上进入国内一流省级社会科学院的行列。

根据新形势、新任务，《浙江系列》要在牢牢把握高标准的学术品质不放松的前提下，进一步优化评审程序，突出学术水准第一的评价标准；进一步把好编校质量关，提高出版印刷质量；进一步改革配套激励措施，鼓励科研人员将最好的代表作放在《浙江系列》出版。希望通过上述努力，能够涌现一批在全国学术界有较大影响力的学术精品力作，把《浙江系列》打造成荟萃精品力作的传世丛书。

是为序。

张伟斌

2013 年 10 月

那一路疾走的忆念

（代序）

蜗居城市一隅，多年来，那一段疾走的乡间小路在记忆里恍若昨日，相伴今时。

初高中阶段，我在县中走读。学校要求周一到周五来校上晚自习。学校离家的路程倒不远，约莫二十多分钟，途经一个小土坡，土坡上零星排列着几十座破旧的乱坟，杂草丛生，白天经过，坟口洞开，触手可及，禁不住背脊发凉。到晚间，风吹草动，野狗突吠，时令人胆战心惊。此时，也只然敛气凝神，脚力放轻，生怕惊动了静夜里的鬼魅，把我捉了去，成为鬼役。每当此时，平日里聊斋志怪书中读来的那些可怖情节，仿佛都随时可能在那儿发生。恐惧，攫住了我所有的注意，脚步轻而快，我不知道自己是怎么做到的，我只是想尽快地远离这片坟地，虽然每个自修的晚上都要走过那里。

路上尚需经过一条河，黑黝黝的，河水奔腾远去，无声流向无际的稻田和远山。河上架一砖桥，年久失修，摇摇欲坠，若至洪水时节，桥下洪水隆隆，桥身摇晃不已，此时，只有快步跑过，心才觉安。此桥此景，以致多年之后的现在，还会偶尔闯入我的梦境，梦中洪水滔滔，冲毁危桥，顷刻间，人已身陷旋涡。梦里不知是梦，醒时一头大汗。

过桥之后是一片水田，一口面积颇大的水塘。那时水塘靠路边南角口有一丛枝繁叶茂的竹林，小时候乡间鬼怪之谈总有几则与这口诡异的水塘和这一片竹林相关。年少如我，白天上学经过此地都要屏气凝神，快步疾走。晚间过此，一人单行，常盼明月皎皎，月朗无风；或盼他人路过，期以壮胆。

池塘过后是村口，一条潺潺小溪，儿童捉虾玩水，妇人捣衣浆被，甚是热闹。但热闹是白天的，一到晚上，这边清冷无人，只有附近两棵大树静谧狰狞。树干粗大，需两人伸手合抱，枝条稀疏。村里老人常言此两树已成精，专捉离群幼童，蔽匿藏之。每每经过此处，常愿有隐身魔毯，也愿树精早早入睡，如此，屏住呼吸，悄然而过。

过了两棵怪树，再走三百米，就到家了。一路紧张，一路害怕，只有快到家的时候，悬心放下，方觉安全。到了家，已是晚上快十点，那时，父母已准备休息。我故作镇定，跑进去与父母亲说一声，我回来了。然后准备吃晚饭。到厨房，饭菜都装在一个大瓷碗里，热腾腾的，想来母亲估摸我放学快到家了，提前预热好的。放学回家之路，恐惧之余，难免偶有奢盼，盼望爸妈哪一天能倚门候子，或者在雨雪交加的恶劣天气的时候在半路上迎一迎我这么一个担惊受怕的孩子；或者亮灯于家，为回家的孩子点亮最后一程。但是，这些大可体现父爱、母爱的镜头，在我读初高中六年的夜归路上，都没有发生过。为一日三餐奔波的父亲、母亲，他们在朴素的生活中，忙的是一年四季的收成，操心的是孩子的生活。在那个年代，村里大多数同龄的孩子要么未读书，要么已不读书，大凡都已经成为家里的新生劳力。而我，还能在尺寸方桌前静心读书，已是莫大的幸运，而晚间归来吃到的那碗热饭，让我感到永久的温暖。我猜测，每天晚修回家的种种害怕，我虽不说，我的父母也许有所了解，他们日常也在我耳边唠叨，说什么为人不做亏心事，半夜不怕鬼敲门；说什么举头三尺有神明，做人堂堂正正，就没什么可怕的。现在，父亲离我而去，已有多年，在这些日子里，我常常想起我的父亲。当然，我也曾假设，如若当年的父亲上演一些半途接归儿的场面，我能否像现在一样，一人求学、工作在外泰然自若二十多年。

回忆过往，一个可以肯定的是，那些害怕，那些需要我独自面对的恐惧，让我不断成长。每天奔走在上学的路上，形单影只穿行在乡间路上，在雷电交加的晚上，在山寒水冷的深夜，在无数个害怕的夜色里，恐惧在心而未发，我时常默念"平生不做亏心事，半夜不怕鬼敲门"，以此来增加抵御鬼魅的勇气和力量。那个时候，"不做亏心事"成为我抵御所有可能在夜里蹦跳出来的各种妖魔鬼怪的唯一法宝，也成为我日常克己修心的一个法则。心若明镜，只有不自欺，才能在有所畏惧的时候不害怕、不恐惧。《中庸》所言，"君子中庸也，君子而时中。小人之中庸也，小人而无忌惮也"。就个人成长历程来看，虽然我未曾体验过什么是无所忌惮，但有所忌惮、有所恐惧，我则有着很深的体验。个人认为，有所忌惮、有所敬畏，无论于行为，于道德操守，都是有益的。

现代城市生活，灯火通明，少去了漆黑的处所，少去了树神草怪，人们逐渐失去了对黑暗、对未知应有的敬畏和恐惧。白天与黑夜边界日渐模糊，现代文明，无论是生产还是生活都奔跑在高速路上，人类甚至畅想着未来技术将让人类永生。随着化合技术、生物技术、核技术等现代科技的发展与应用，人类患上了科技膨胀症。人们逐渐无所敬畏。《大学》云"知止而后有定，定而后能静，静而后能安，安而后能虑，虑而后能得"，农耕生活，尚需定静才能虑得。现代文明，不知敬畏，不知边界，又何能定静，又怎能有安虑呢？无法安虑的现代文明，其发展带来了环境破坏、文化破坏、精神破坏，焦虑盛行，各种风险也就不期而至。

时下，需要我们对现代社会未来危机存有畏惧，对现代之路可能存在的风险心存警惧。思考现代社会中不断涌现的风险如何治理无疑是当下发展应有的主题之一。正是在这一背景下，本书围绕风险治理的主题，思考保险作为治理风险的成熟机制，其分险的内在机制能否被创新性地运用在公共风险治理领域；这一思考在结合浙江省省域实践的基础上，探索保险协同治理公共风险的协同功能、协同格局、协同机制等问题。

现代风险相伴着现代文明，但愿这一浅陋的思考，有助于我们正视相伴而来的现代风险！

目　录

Contents

导　论

一　主题相关研究

　　保险在管控风险、保障民生方面具有独特的优势，在改革攻坚阶段，社会性的、制度性的、系统性的风险将进一步积淀，公共风险如何有效治理是社会发展面对的重要问题。保险业作为风险分险和风险救济市场化、专业化的市场力量，能否参与到公共风险治理过程中来？能否成为公共风险治理格局中的协同力量？这两个问题，既是政府治理公共风险的理论和实践需要，也是保险业把握当前挑战和机遇的现实需要。

　　对风险管控研究，在域外，阿罗博士（Kenneth J. Arrow）（1972）分析了商业保险和政府保险二者风险管理的边界，认为商业保险以经营效益为核心诉求的，商业保险不提供风险管理的，都应该由政府保险来提供。具体的，政府风险管理的政策性工具，国外诸多实证研究多集中在保险补贴、责任保险等问题上。国外学者的研究表明，保险补贴的行为，会产生正面和负面的双重效应。政府的直接参与会对商业保险公司产生明显的挤出效应，不利于商业保险公司参与商业保险。Wenner 和 Arias（2003）认为政府政策性保险的特点是提高实际损失和进行保险费补贴，这会使商业保险公司产品创新的积极性大打折扣，甚至产生负面的效应。关于财政补贴积极效应的研究者有Ahsan，Ali and Kurian（1982）、Nelson and Loehman（1987）和Chambers（1989）。他们的研究表明，保险人为了避免投保人的道德风险和逆向选择行为，尽可能精确划分风险单位、进行费率分区、细分费率档次，这会大幅度增加商业保险公司的经营成本，政府提供保险补贴可以解决这些问题。

在国内，就保险业协同社会管理方面的研究，理论界和实务界都有不少。魏华林、李金辉（2003）从社会变迁的角度，提出保险可以被运用于社会管理。对此，学界进行了学理辩论。"否定论"学者林宝清（2004）、李诗源（2005）从社会管理属性角度主张保险不具有社会管理功能，不能被运用于政府治理。"肯定论"学者则从风险多元管理的角度廓清保险具有管理风险的能力（施建祥，2006；潘国臣，2006；郑伟，2009）；论证了政府创新运用保险具有创新价值，有研究者从风险治理的当代诉求角度探索保险创新，主张保险产品创新研究（金涛，2006）、再保险制度创新研究（刘宽亮，2009）、保险投资的创新研究（梅雪松，2007）。

实证研究方面，国内近十多年呈现出不少支持、深化"肯定论"的实证成果。首先集中体现在传统的农业风险方面：谢家智、蒲林昌（2003）提出，治理农业风险，我国应推行政府诱导型的政策性农业保险，避免政府对政策性农业保险的保费补贴，引导农业保险市场化。刘芙、吕东韬（2003）等学者认为，政策性农业保险能为我国农业生产提供相应的风险保障；在保险模式上，应实行强制保险与自愿保险相结合的经营模式。刘京生（2000）、李勇杰（2004）等主张建构以合作为主，多层次的农业风险治理体系，政府应创新运用保险。王和、皮立波（2004）提出，我国农业保险的发展应分阶段、分步骤发展，分为商业代理、国家政策扶持、商业化经营三个阶段。

　　随着社会的变迁，环境风险、责任风险和养老、失业等新型风险产生，政府能否创新运用保险也逐渐为研究者所关注。国内也涌现不少以社会风险管理为视角的保险创新实证研究。蒲莉（2004）主张：推行环境污染责任保险，有助于治理环境风险。刘冬娇、阎石（2005）主张：责任保险具有较强的管理功能。而谷明淑（2005）的研究表明：我国责任保险的有效需求和供给不足，政府运用保险机制，有待进一步加强。鞠珍艳（2009）、唐金成（2012）主张，政府应重视食品安全责任保险的创新运用。

　　从宏观来看，在保险与公共风险的关系上，国内外相关研究，主要围绕着两个问题进行了有益的探索和研究。一是围绕着保险是否具有公共风险治理的功能来展开。二是探索保险如何介入公共风险治理。在肯定保险具有公共风险治理功能的前提下，从保险产品、保险资金运用、保险制度等角度进行切入研究。整体来看，研究者注意到了现代保险发展的变迁，意识到现代风险治理需要保险力量的介入，构建了相应的保险产品和保险制度，实证保险具有社会治理功能。

二　本书的研究

　　目前，传统管理不断迈向公共服务，传统的管理理念逐渐被治理理念改造。保险与公共风险治理这一主题的相关理论研究，需要进行理论统合，以便更好地解释市场失灵与行政失灵情况下公共风险应如何化解，保险应如何面对风险集聚、风险向下沉淀的社会现实。尤其是现代社会风险展现出来的诸多时代特征，显示出从农耕文明向商工文明发展转型时期公共风险治理格局调整的时代诉求，对保险与公共风险治理进行系统研究还存在相当大的现实空间和理论空间。

本书的研究，着眼于风险变迁和治理变迁，考察公共风险治理格局变迁的发展趋势，考察公共风险的行政化管理与公共风险商业化分险的关系，从理论上对保险与公共风险治理进行历史考察和整体分析，解析保险与公共风险治理的关系，系统探求保险协同治理公共风险的内在逻辑和制度诉求；同时，就浙江省内社会管理创新运用保险的实证，做出一个基本的调研和分析。

本书立足于当前公共风险变迁这一时代背景，从公共风险治理理念的变迁、公共风险治理格局调整的角度去研究保险为何能协同公共风险治理，公共风险治理何以需要保险业协同治理。在此基础上，分析保险业在协同公共风险治理过程中与政府治理之间的关系，并从运行机制上分析市场主导的商业化风险管理与行政主导的行政化风险管理之间的合作互补的关系模型以及在公共治理模式下二者关系未来的发展趋势。并进一步探寻公共风险治理从行政管理迈向公共治理的变迁中，保险协同公共风险公共治理的地方实践和经验。本书的研究内容如下。

第一章，从风险变迁考察治理格局的变迁。当前，公共风险治理的外部环境发生着深刻的变迁，风险沉淀日渐凸显，诸多私域风险转化为公共风险。现代社会，越来越多的事务陷入公共之网，风险从传统的私人的、个体的领域进入公共空间，在广泛范围、纵深领域引发公共问题或者公共危机。公共风险的时代变迁给公共风险治理带来了严峻挑战，风险自我负担机制已经难以适应现代社会的发展，公共风险治理越来越倚重商业化治理和行政化治理的协同治理。

第二章，解析公共风险协同治理的基本原理。以公共风险治理理念和格局的历史变迁为基础，论证保险协同公共风险治理，揭示商业保险从经济风险分险的市场机制转型成为协同政府破解剩余风险的治理机制这一变迁规律。论证保险在公共风险治理中的协同责任、公共责任与政府的主导责任、兜底责任。公共风险治理中，政府起着非常重要的作用，但政府资源（财政、政策、人力等）有限，无法为社会提供普遍的政府保障，而商业保险基于市场机制不能为社会提供兜底保障。面对人化、制度化、公共化风险，推动、激励、保障商业保险创新协同公共风险治理极为重要。在风险积淀的改革攻坚阶段，要特别重视公共风险治理的政府主导与商业保险协同这二者之间的融合，积极推动二元融合由协议型向政策型、法规型发展。

第三章，考察推动协同治理的路径。保险具有协同治理公共风险的价值和功能，然而，其保险协同价值和协同功能的发挥，需要政府创新和保险创新两个方面的合力。本章从政府创新和保险创新两个维度考察政府创新的路径和保险创新路径，系统提出保险协同公共风险治理的创新路径。主张保险在公共风险治理、改善和保障民生方面具有独特的优势。在改革攻坚阶段，政府、社会、市场面临着社会性、制度性、系统性的公共风险，承担主导责任的政府应贯彻多元化政策，鼓励多元创新、多路径创新，创新运用保险机制、借力保险资源，鼓励、引导、推动保险进行保险资金运用方式创新、保险产品创新、保险服务创新，协同政府治理公共风险。从保险业角度看，保险是公共风险治理的创新类工具。保险业在理念、资金、产品、技术、服务等方面的优势和特长，可以帮助政府辨识风险、管理风险、风险善后，具有统筹公共风险、降低行政风险、提升行政效能等作用。协同政府识别风险、评估风险、管理风险是保险业协同治理公共风险最为核心的工作。围绕这一核心，理念上，需要廓清关系、创新思路；实践上，需要加强保险资金、保险产品、保险服务等协同治理载体的创新。

第四章，解析保险协同治理的创新载体。保险资金、保险产品、保险服务是保险协同公共风险治理的实践载体。保险协同治理，保险业应立足自身长期积累的机构网络、精算、风险控制、风险评估等专业优势和制度优势，拓宽保险的社会服务面，增强保险的社会保障供给力。推进保险资金运用创新。积极支持保险公司进行保险资金运用扩权的试点，引导保险资金以设立产业基金、投资入股等方式支持"大平台、大产业、大项目、大企业"建设；搭建政保企资金运用对接平台，支持保险资金在有效控制风险、满足资产配置需要、符合相关法规规定的前提下，按照市场化原则，投资交通、通信、能源、民生等大型基础设施项目，推进保险产品创新。推出民生有需要、社会有需求、政策有保障、制度有支撑的政策性保险产品。推进保险服务创新。推进保险业从负债管理转向风险综合管理。把握保险展业、风控、理赔服务直接影响协同治理公共风险的社会认同度和美誉度。保险服务创新包含浅层服务和深层服务创新。既要提高浅层服务的便利性、快捷性和周全程度，也要提升深层服务的诚信度、专业化和合规化。保险服务创新应坚持三个本位：以服务为本位、以需求为本位、以专业为本位。紧贴公共风险治理的现实需求，做好专业化，不断推进保险服务的对策化、人性化、个性化和差异化。

第五章，考察地方实践的经验。以浙江省内保险协同治理的实践情况为基础，考察浙江近年来协同公共风险治理的创新举措，总结浙江保险协同治理的省域实践和经验。保险协同治理的健康发展，需要推进相应的制度建构，需要完善采购制度、招标制度和规范协同协议制度、保险协议制度，以制度建构来保障、引导、规范保险协同公共风险治理。

第六章，展望协同治理的创新举措。针对改革攻坚阶段的公共风险治理难点、热点，主张保险协同公共风险治理应积极探索环境污染责任保险、重大项目邻避保障险、巨灾区域统筹险、政府公共服务保险、农村保险等保险创新。

第一章
变迁中公共风险的协同治理

在发达的现代性中，财富的社会生产系统地伴随着风险的社会生产。

——乌尔里希·贝克《风险社会》

一 变迁中的公共风险

随着国家的工业化、城市化、信息化建设的日新月异和社会发展的高歌猛进，我们的社会发生着深刻的变迁：社会的开放性不断提升、社会的连带性逐渐增强、规范的粘黏性逐步弱化、风险的流动性日渐强化。我国政治建设、经济建设、文化建设、社会建设、环境建设等领域沉淀、积聚了诸多公共风险。"就当代中国而言，置身于全球化和现代化的双重语境中，其所正在建构的社会主义现代化不可避免地面临着'全球风险社会'的冲击和影响，同时，它也面临着自身现代化的各种固有的风险与挑战……"[1] 当代中国，一方面传统回应带来

---

[1] 薛秀军：《直面风险——现代性困境与当代中国求解》，厦门大学出版社，2010，第7页。

诸多公共风险，另一方面，与现代发展相伴而生的风险不断产生。诸如乌尔里希·贝克描述的风险社会①渐行渐近，风险的人化、制度化②和公共化日渐凸显。

（一）风险的人化

所谓风险的人化，是指人类的决策和行为对自然和人类社会本身的影响不断扩大、增强，人类取代自然成为风险的主要生产者，人与自然之间的关系更多的是通过人与人之间的社会关系表现出来的。因而，风险更多地从社会关系中体现出来，而不是直接地从人与自然的关系中体现出来。③ 风险的人化不同于风险的物化。传统社会中，社会主体所遭受的风险，主要源于自然环境的不确定性。而现代的公共风险，主要根源于主体的决策和行为。提出"风险社会"概念的德国学者乌尔里希·贝克强调人类制造的各种"新风险"造成社会秩序和体制方面的不确定性，带来了大规模的、系统的、全球性的破坏，使得任何常规的应对方式都失去了效力。④ 安东尼·吉登斯对后现代社会进行了深刻的反思，认为现代性瓦解了以往的社会秩序和整合机制，这既是风险产生的社会根源，也是风险生成的持续动力。⑤ 风险是现代性过程导致的自然的衰败之必然，风险实质上是被制造出来

---

① 风险社会是〔德〕乌尔里希·贝克对全球后现代社会和公共空间的形象描述，但实际上，在全球公共空间视阈下，基于制度、产业、市场要素、风险载体等全球化流动趋势，风险也在全球范围内流动，后现代社会发生的诸多公共风险同样地在不同程度上发生于未完成现代化的国家和地区。甚至，由于风险的全球流动，未完成现代化的国家和地区处于更弱势地位。这些国家，公共风险治理技术、治理制度不完善，社会救济、保障能力有限，后现代风险带来更糟糕的破坏力。经过三十多年的改革发展，虽然中国工业化、城市化尚未完成，但后现代社会的诸多问题和公共风险跨阶段地提前到来。如何实现公共风险国家治理的现代化，是当前公共风险治理迫切需要破解的。
② 彭华民：《西方社会福利理论前沿》，中国社会出版社，2009，第280页。
③ 高鹏程：《危机学》，社会科学文献出版社，2009，第7页。
④ 〔德〕乌尔里希·贝克：《风险社会》，何博闻译，译林出版社，2004，第20页。
⑤ 参见〔英〕安东尼·吉登斯《为社会学辩护》，周红云等译，社会科学文献出版社，2003，第8~17页。

的，是"人造风险"或人为风险，因而也是科学、技术和知识的产物。[①] 当前，我国社会文明正从农耕文明转向商工文明，社会整体处于转型阶段，工业化、城市化带来的风险千丝万缕、错综复杂。主体决策和行为对自然、社会本身的影响不断扩大、增强，引发诸多不明的和无法预料的环境风险和邻避风险。这些环境风险往往完全逃脱人的感知能力，如放射性的，空气、水、食物中的毒素和污染物与转基因技术可能带来的代际伤害以及环境被破坏带来的影响。[②] 在特定环境下，环境风险的生产者、承受者比较明确，二者都不处于"无知之幕"，风险项目存在着确定的地缘风险，引发遭受该地缘风险的社会公众极力抵制，产生诸多的邻避现象，甚至引发突发性的群体事件。

（二）风险的制度化

制度具有稳定性、规范性、预见性的特质。制度具有三个构成要素：正式的规则、非正式的约束以及它们的实施特征。[③] 制度调整人与人之间的社会关系，是现代社会治理公共风险、治理不确定性倚重的工具，是现代社会构建的重要维度。吉登斯系统地分析了"现代性的制度维度"，认为，现代性的每一制度性维度的运动都可能导致"大毁灭"，这种毁灭性力量对当代社会生活构成了全面的颠覆。[④] 就中国的现代化进程而言，改革开放以来，随着整个社会逐渐从熟人社会向陌生人社会转型，作为制度的重要支撑——现代性所要求的各种正式的规则——也随着社会转轨迅速生成、变迁：适宜于熟人社会运行的传

---

① 〔英〕安东尼·吉登斯：《失控的世界：风险社会的肇始》，见薛晓源等《全球化与风险社会》，社会科学文献出版社，2005，第50页。

② 〔德〕乌尔里希·贝克：《风险社会》，何博闻译，第20页。

③ 参见〔美〕道格拉斯·C.诺思：《制度、制度变迁与经济绩效》，杭行译，韦森审校，格致出版社、上海三联书店、上海人民出版社，2008，第7页。

④ 〔英〕安东尼·吉登斯：《民族-国家与暴力》，胡宗泽、赵力涛译，生活·读书·新知三联书店，1998，第37页。

统的、非正式规则不断地失去其温暖的适用空间，在快速的城市化建设
过程中，在熟人社会向市民社会转轨推进过程中，逐渐丧失其作为文化
规则的意蕴；代表现代性的陌生人社会需要越来越多的正式规则的建
构。整体来看，现代社会的演进越来越倚重正式规则。这一发展趋势导
致快速、流动的现代社会忽视非正式的约束和正式的规则之间的内在
联系和规律，忽视对非正式的约束——不成文规则的发现、培育和改
造。规则化的制度进路缺失社会文化的润养和非正式规则的支撑，造
成了制度的僵化和虚化。由于转型阶段社会变迁的迅疾性和复杂性，
倚重正式规则的现代制度出现严重的问题：僵化、滞应、社会断裂、
高成本和系统风险。而且，制度回答的是一个稳定社会中某一类常规
问题，① 正式规则的主导化，导致制度的适应性、回应性过硬，无法动
态、平衡回应社会实践中诸多实际情况所需的合理弹性。在制度的实际
运行中，制度的僵化、虚化和滞应，引发诸多公共风险。制度化的公共
风险，具体表现为制度不公、制度失灵引发的对公共空间具有破坏力的
不确定，诸如政府管理制度的失灵引发的群体性事件或群体性对峙、道
德危机、② 文化危机、③ 分化危机④和政府失信风险等。

---

① 参见苏力《法律与文学》，生活·读书·新知三联书店，2006，第 106 页。
② 基于社会弱势者在表达利益、影响政策决策方面的弱势，不少制度在弱势利益保障方面
缺乏公共精神；在社会公心和良知不断蜕化的环境中，特殊情势中的弱势者维权无路，
迁移报复、侵害无辜者。这样的现象将给公众和社会带来更大的风险。如 2013 年 6 月 7
日的厦门公交纵火案即是。
③ 如社会文化的荒漠化、快餐化、贫养化，将引发诸多社会问题和公共风险。社会文化是社会的
精神养料，健康的社会文化对整个国家、对社会群体，犹如春雨，润物细无声，滋养着国家、
社会，使其健康和繁荣。社会文化的荒漠化、快餐化、贫养化，社会文化的生命厚度和生命长
度严重打折，在未来一段较长的时间内，其给社会带来的"蝴蝶效应"是深远的，难以估计
的；但可以预见，缺乏健康文化润养的社会绝对不可能是一个健康的、强大的社会。
④ 目前我国面临社会两极分化的风险，无论是社会领域、区域、阶层、组织的分化，还是
社会利益、观念的分化，都出现了社会群类对峙性的差距。这样的社会分化带来诸多的
社会问题和公共风险：如城市与农村在社会保险、社会福利、社会保障、教育等诸多领
域的分化。2013 年 5 月 22 日网易新闻报道的"非京籍少年被拒高考，获美国籍后直接参
考加分"事件就是社会分化带来诸多公共风险的具体体现之一。

（三）风险的公共化

社会变迁推动着私人风险不断从私人空间进入公共空间，进而转化为公共风险。在人类活动的每一个领域，"全国性的经济取代家庭经济，家庭已经无法满足人的需要"。① 随着工业化、产业化的发展，社会的连带性不断得到强化，公众需求的满足模式从以家庭供给为主逐渐发展到以社会供给为主，以许多人的共同努力为基础的全国性的组织才能满足日益增长的需求。诸如生产和生活的诸多方面——衣、食、住、行、健康、教育等——逐渐转向以社会供给为主。"社会连带的事实是不容争辩的……它是一种不能成为争论对象的由观察所得的事实。它随着国家情况的不同而具有不同的形态……无论如何，连带关系是一种永恒不变的事实，它本身往往是同一的，并且是一切社会集团不可排斥的组成要素。"②

社会变迁中，社会纵深发展使得人与人之间的连带性不断增强，越来越多的事务成为社会之网中的一个节点。"小国寡民"早已是旧时的影像，自给自足已然是现代化的悖反，越来越多的事务陷入公共之网。个体所遭受的诸多私人风险不断从传统的私人的、个体的领域超越出来，逐渐、整体地呈现如下特征：生成具有连带性、存续具有复数性、影响具有纵深性。私人风险从而获得公共特质，转化为公共风险。如经营风险、出口风险、海外投资风险、企业融资难、来自农村的劳动者劳动权益和社会福利难获保障、劳动者年老生活保障低、大病致贫、患病者维权困难等，就个案而言，属于私人风险，但这类问题频频、广泛发生，产生牵连的社会影响，在更大范围、更纵深领域可能引发突发性的公共危机。

---

① 〔法〕狄骥：《公法的变迁》，郑戈译，商务印书馆，2013，第6页。
② 〔法〕狄骥：《宪法论》第一卷，钱克新译，商务印书馆，1959，第64页。

风险的公共化，意味着社会中个体所遭受的诸多风险逐渐、整体地呈现如下趋势：风险生成的公共化、风险效应的公共化、风险治理的公共化。

风险生成的公共化。从风险生成的因素来看，当前，主体致险因素主要来自公共空间，如公共环境中的风险因子、制度中的风险因子、社会系统中的风险因子。即便是个体疾病，也与个体暴露于其中的空气、水、土壤等公共环境风险因素逐渐增加、不断密集正相关。风险生成的公共化，揭示了公共空间中生成的风险，其根源属于一种内在的风险，它与现代社会如影随形，是现代社会存续、发展必然存在的一种公共风险，也是现代社会政府治理需要理性对待的一种内源性风险。

风险效应的公共化。在公共空间，诸种内在的公共风险因素混合，其可能产生的主体的、空间上、时间上的效应具有复数性、复合性的特征。从效应的主体特征来看，公共风险对主体的影响，涉及群体广、数量多。从效应的空间来看，既包括特定范围内的公共空间的影响，也包括对特定公共空间之外的外部空间辐射的复杂影响。从效应的时间来看，现代社会的公共风险，不仅对当代产生影响，也将对未来社会产生长久的影响，蕴含着风险的代际影响。此外，效应的公共化，还包括效应类型的复合性，即公共风险带来了政治性的影响，也带来了经济的、社会的、文化的和环境意义上的影响。

风险治理的公共化。风险成为现代性的重要构成，主宰着我们的社会。系统地处理现代化引致的危险和不安全，构成了现代社会发展的必需品。对风险的认识和回应策略，是现代人必须具备的基本素养，是现代社会、现代制度必须具有的能力。[1] 现代社会，公共风险的回

---

① 〔德〕乌尔里希·贝克：《风险社会》，何博闻译，第19页。

应和治理，客观上体现出主体多元、机制复合、模式公共、关系合作的治理特征和趋势。从治理的主体来看，现代社会公共风险治理既包括政府治理、商业治理，也包括公众治理；从治理的机制来看，现代社会公共风险治理既需要行政化治理、市场化治理，也离不开风险的自治化治理；从治理模式来看，现代社会公共风险治理包括预警型治理、干预型治理和补偿型治理。现代社会公共风险治理，从整体格局来看，绝不是哪一个治理主体能够独力支撑的。公共风险生成的公共化、效应的公共化，决定了公共风险治理的公共化。

当前，国家文明从农耕文明转向商工文明①是公共风险变迁的大环境。风险的人化、制度化和公共化是转型发展面对的一个极其艰巨的挑战。转型期，作为治理客体的公共风险有怎样的特殊性，是公共风险治理现代化建设首先需要解决的一个认识问题。公共风险是相对于私人风险而言的一种风险，广泛存在于政治、经济、文化、社会和环境各领域，具有风险的一般属性，同时，公共风险又具有当下的时代特性。

（1）公共风险存续的公共空间更为脆弱。脆弱性是由自然、社会、经济和环境因素及过程共同决定的系统对各种胁迫的易损性。②近年来，屡屡在我国公共空间突发的公共风险，诸如上海外滩跨年踩踏事件、天津爆炸案、深圳泥石流事件，都凸显出诸多公共空间存在着不可忽视的脆弱性。2014 年 12 月 31 日晚，上海外滩发生跨年踩踏事件。当时，上海市黄浦区外滩陈毅广场东南角通往黄浦江观景平台的人行通道阶梯处底部有人失衡跌倒，继而引发多人摔倒、叠压，致

---

① 张恒山：《文明转型与社会管理创新》，载张恒山主编《当代中国社会管理创新》，中共中央党校出版社，2012，第 1 页。

② UNISDR, *Living With Risk*, *A Global Review of Disaster Reduction Initiatives*, Geneva: UN Publications, 2004.

使拥挤踩踏事件发生，造成 36 人死亡，49 人受伤。根据上海市公布的"12·31"外滩跨年踩踏事件调查报告的结论，这是一起对群众性活动预防准备不足、现场管理不力、应对处置不当而引发的拥挤踩踏并造成重大伤亡和严重后果的公共安全责任事件。2015 年 8 月 12 日，天津市滨海新区塘沽开发区发生危险品仓库爆炸事件。该爆炸事件造成特别重大的伤亡，事件中近 1 万户住宅房屋受到破坏。再如深圳泥石流事件。2015 年 12 月 20 日，深圳市光明新区发生山体滑坡事件。这次滑坡事件造成 22 栋厂房被掩埋。据《南方日报》介绍，广东省地环站专家经现场勘察后称，事故发生地点原是一个老采石场，后作为余泥渣土受纳场使用。虽然事故当天有一点点降雨，但理论上并不足以诱发山体滑坡，初步判断主要原因还是废弃堆土堆得过多、过高，时间又久，且没有防护措施对堆土进行支护。而由于滑坡体位置较高，冲下来的势能很大，造成的破坏较大。① 公共空间的脆弱性，往往是隐性的。在突发事件发生、来临之际，公共空间缺失预判、承受、处理的要素和结构，其脆弱性就显露出来。而公共空间是否灵活、流动、开放直接影响公共空间的结构、要素的抗险能力。在特定的公共空间中，风险因素逐渐积累和密集，公共空间结构的脆弱性和要素的脆弱性将随着风险因素的积累而不断增加。不同于私人空间的私人性、封闭性、稳定性，对进入公共空间的不特定的公众，公共风险都将对其产生负面的或者破坏性的影响。这个复杂的公共空间，它有着吸纳一切进入公共空间的魔力，充满着错综复杂的不确定性。公共空间要素的流动性和复杂的不确定性，进一步强化公共空间的脆弱性。

（2）公共风险具有更为纵深的破坏性。风险之所以成为公共风险，根源在于风险后置效应的公共性。风险事件一旦发生，产生的破

---

① http://news.hexun.com/2015-12-20/181300186.html.

坏力就会完全超越社会主体个体化存在的管理能力所能解决和社会主体自身的资源所能支撑的限度，形成风险剩余，这些风险从私人空间外溢，逐渐汇集、沉积到公共空间，最终将损害公共空间众多不特定的社会主体。随着公共空间的灵活性、流动性、开放性不断增强，公共风险的破坏力变幻得更为错综复杂，更为纵深。特别是在社会转型期，诸多文化风险、道德风险、环境风险存在的有形和无形的破坏力，不仅在人与人之间流动、传递，更有可能在代与代之间流动、传递，从而加深了公共风险的破坏力。如放射性的，空气、水、食物中的毒素和污染物与转基因技术可能带来的代际伤害以及环境被破坏带来的影响。[①] 而且，由于权威体制和有效治理之间存在的结构性风险[②]，大量本应在治理体系内解决的公共风险有着从上向下、从里向外的外溢趋势，公共空间存在着大量的外溢风险和剩余风险，这种结构性风险一旦爆发，将对公共空间产生极强的破坏力。

（3）公共风险具有更为错综的牵连性。公共风险产生过程表现出错综的牵连性。近些年发生的一系列问题食品事件、政府执法事件、环境恶化事件，如三聚氰胺毒奶粉事件、上海钓鱼执法事件，以及相继发生的血铅事件，无一例外引发媒体和社会舆论的热议，其产生的蝴蝶效应，引发社会公众、自媒体对某些特定的政府部门的公信力质疑，并做出否定评价，正是公信受损这一公共风险产生过程表征出来的错综牵连的基本特征。

随着现代化的推进，公共空间中的结构与要素、要素与要素之间有着千丝万缕的牵连关系。风险事件，不论是风险的前置效应还是后置效应，在各类要素高度密集的公共空间中，都可能造成公共化的风

---

① 〔德〕乌尔里希·贝克：《风险社会》，何博闻译，第20页。
② 周雪光：《权威体制与有效治理：当代中国国家治理的制度逻辑》，《开放时代》2011年第10期。

险后果和影响。公共空间中的复数主体，不论政治地位、经济地位、文化地位如何，基于公共空间结构、要素的牵连性，都将一同受到公共风险的影响。

（4）公共风险具有时空的不确定性。公共风险不仅生发领域广泛，具有不确定性；而且生发时间和空间也具有不确定性。公共风险生发的领域广泛，它既可能产生在经济建设中、政治建设中、文化建设中，也可能产生在社会建设中和环境建设中，是各领域公共空间都可能存在的。随着社会的发展，风险出现了代际沉积、递延，诸如文化风险、环境风险、核污染风险、核废料风险，风险影响的时间维度被拉长到几代甚至几十代。有数据显示，1986 年 4 月 25 日，苏联切尔诺贝利核电站发生核泄漏事故，爆炸时泄漏的核燃料浓度高达 60%。至 1992 年，已有 7000 多人死于这次事故的核污染。这次事故造成的放射性污染遍及苏联 15 万平方公里的地区，那里居住着 694.5 万人。由于这次事故，核电站周围 30 公里范围被划为隔离区，附近的居民被疏散，庄稼被全部掩埋，周围 7 公里内的树木都逐渐死亡。在长达半个世纪的时间里，10 公里范围以内将不能耕作、放牧；10 年内 100 公里范围内被禁止生产牛奶。

公共风险生发的空间，是一个开放式的、动态的、立体的空间，充满着不确定性。随着现代社会生活方式的城市化发展、生产方式的工业化发展、技术方式的信息化发展，诸多发生在私人领域的风险不断剩余、外溢、沉积，其后置效应严重影响公共空间，其演变成为公共风险。公共风险复杂的不确定性不仅体现在空间的转换性上，而且还体现在发生后置效应的公共空间的弹性上。公共风险的严重破坏力，大值到影响整个人类存在的全球风险，中间值到当下和未来整个国家存在的国家风险，小值到特定时间、特定区域的区域风险。基于公共空间脆弱性差异化的存在和风险破坏强度的不同等级，公共风险产生的后置效应存在着复杂的不确定性。

二　公共风险治理

当前，公共风险呈现人化、制度化、公共化的整体趋向。就风险的时代特征而言，传统的单一性、简单性和局域性的风险已经嬗变为当代的复杂性、不确定性和全局性的复合风险。各种风险之间呈现高度的相关性和传递性，风险后果不断被强化和扩大。[①] 公共风险频发的现实与公众对风险灾难的日益忧虑，合力将公共风险治理推到政府公共职责的核心。"国家政策必须由它所处的整个环境来加以决定。"[②]随着工业化、产业化的发展，社会供给取代了家庭经济，公众需求的满足模式从以家庭供给为主逐渐发展到以社会供给为主，社会公众的基本生活需求，都是由具有经济上的复杂性的组织来加以满足或操作的，以至于它们在操作中的一瞬间的困难都会威胁到整个社会存在的基础。因而，政府的职能得到大幅度的拓展。政府必须监督整个工业系统的有组织运转，它必须防止这一系统发生哪怕是一瞬间的停顿。社会变迁给政府设定了新的义务。社会的演进已经到达这样一个临界点——公众已经开始要求政府提供国防、治安和司法之外的公共服务。这时，政府的转型已经悄然发生了。政府权力出现了现代转型。社会变迁引发政府转型。"我们的法律是那种并不发号施令的政府的法律。它是一个满足公共需求，并确保现代的团体生活能够协调进行的政府的法律。"[③]"政府被要求强化规划未来生活，提供安全保障的

---

① 滕焕钦、张芳洁：《政府公共风险管理效用目标探索》，《山东社会科学》2011 年第 1 期。
② 〔法〕狄骥：《公法的变迁》，郑戈译，商务印书馆，2013，第 49 页。
③ 〔法〕狄骥：《公法的变迁》，郑戈译，第 109 页。

职责。"① 公共风险生成的公共化和效应的公共化，推动着公共风险治理公共化的发展，Garrett Hardin 所揭示的公地的悲剧②说明了公共风险公共化治理的现实必要。政府存在的唯一使命就是化解公共风险。③在中国，改革开放前，公共风险的治理责任，完全被赋予政府，公共风险治理被理解为属于政府的权力。改革开放前形成的政府主管公共风险治理的管理格局、管理文化，在社会变迁的发展过程中，不断得到调整，但从公共风险治理力量的框架关系、治理主体配置的治理权力来看，目前我国的公共风险治理仍然属于政府主管的管理格局。管理格局上，政府是公共风险治理的绝对依靠力量，其他市场力量、社会力量在公共风险的治理过程、治理活动中处于象征参与的状态；公共风险治理强调治理的权威属性和权力属性；公共风险治理权力的配置强调法定主义，法无授权，市场力量和社会力量不得享有公共风险治理权力。管理文化上，弥漫着公共风险治理属于权力的浓郁色彩。

我国公共风险治理政府主管的管理格局（以下简称为"政府体系"）存在着回应性较弱、公共性异化、规范性不足等根本问题。

其一，政府体系的回应性较弱。风险成为现代性的重要构成，主宰着我们的社会，④ 西方后现代国家从 20 世纪 80 年代就已经开始深入

① 沈岿：《风险规制与行政法新发展》，法律出版社，2013，第 3 页。
② 在《公地的悲剧》一文中，哈丁教授指出，理性的牧人将得出如下结论：对他来说，唯一明智的做法是为牧群多增加一头牲畜……可是这个结论被每一个人使用，每一个理性的牧人都共享这块公地，于是悲剧发生了。每一个人都陷入一个迫使他无限制地增加牲畜数量的机制当中——而他们所处的世界是有限的。在一个信奉公地自由的社会里，每个人都追逐个人利益最大化，于是毁灭是所有人奔向的目的地。公地的自由将毁坏一切。Garrett Hardin, "The Tragedy of the Commons", 162 Science 1243 (1968)。转引自傅蔚冈《对公共风险的政府规制——阐释与评述》，《环球法律评论》2012 年第 2 期。
③ 刘尚希：《论政府的公共主体身份与财政风险的两个层次》，《现代财经》2005 年第 6 期。
④ 〔德〕乌尔里希·贝克：《风险社会》，何博闻译，第 19 页。

探索公共风险的产生、发展及其治理，形成了比较完整的风险管理体系和政府风险管理制度。而我国公共风险治理起步晚，对公共风险的认知和公共风险治理的探索，还处于初步认知和探索阶段。整体而言，无论是实践还是理论研究，我国对公共风险的认知仍处于比较浅的认识层面，政府、社会、公众的公共风险意识比较薄弱。公共风险认知上的局限性，直接影响公共风险的回应战略、政策、制度、规则，导致政府对公共风险治理需求的回应能力比较薄弱，政府治理公共风险的经验并不丰富，政府治理公共风险的制度结晶仍寥若晨星，公共风险政府管理实践摸着石头过河。

很大程度上，摸着石头过河的政府管理是由公共风险意识和治理经验决定的，这直接决定了政府体系的回应能力，这一治理格局，存在诸多局限，严重影响政府的公信力。一方面，对于处于风险认知初步阶段的政府治理，由于政府对公共风险认知上的局限性，其缺乏应有的风险意识，政府体系会产生怎样的治理效果，存在着复杂的不确定性，这种复杂的不确定性增加了政府获得社会信任的风险。另一方面，对于处于风险治理探索阶段的政府治理，其体系的顶层设计明显不足，诸多的治理政策、治理制度、治理规则缺乏必要的前瞻性和稳定性。由于外部环境中各元素如经济形势、社会力量、事态格局频频变幻，政府部门疲于回应社会变迁，出台的法律法规、政策频繁调整，缺乏应有的科学性和稳定性。政府政策缺乏科学性、稳定性和连贯性，政府信用就会受到影响。①

其二，政府体系的公共性异化。公共性是公共风险治理的价值追求，也是公共风险政府治理实践贯彻的基本精神。政府治理立足于公共利益，从公共利益出发，指向公共利益，是社会发展对政府体系建

---

① 参见章延杰《政府信用论》，上海人民出版社，2007，第34页。

构提出的属性要求。具体体现在三个方面：一是政府体系应具有公共立场；二是政府体系应重点关切公共利益，政府体系应重点指向公共利益；三是政府体系涉及的是公共未来。[①]　现实中，政府体系公共性异化是一个比较严重的问题，突出体现在公共风险治理政策、治理制度和具体治理行为等方面。（1）政府治理政策和治理制度方面，决策者缺乏应有的公共资源的支撑，治理政策和治理制度的公共精神不足，公共产品供给不到位，治理政策缺乏足够的稳定性和延续性，出现治理政策朝三暮四的现象，表现为瞎折腾式政策；或者一届官员一套政策，新官不理旧规。（2）政府具体治理行为方面，执法人员滥用行政执行权，以罚代法；滥用自由裁量权，私办关系案、人情案；执行政策时搞"上有政策、下有对策"。凡此种种，都属于政府治理的公共性异化。政府体系公共性异化，严重损害政府形象，弱化政府公信。

其三，政府体系的规范性不足。从风险产生的理论来看，政府体系设计需要考量公共风险公共化治理目标与治理手段之间可能产生冲突，即政府治理结构性风险。政府不仅仅需要治理体系外的公共风险，尚需要治理体系内的结构性的政府风险。从风险治理的技术角度考虑，政府体系的规范性，是治理公共风险的制度需要，也是公共风险治理实践的制度保障。政府治理的规范化，将有效减少政府体系自身的风险、提升公共风险的治理效率。

目前，我国政府体系，从践行公共风险公共化治理的治理职责来看，存在着政府治理制度建设不完善、制度虚化、权力腐败等问题，这些局限性无疑严重损害政府体系的公信，增加了政府体系自身的风险。具体表现如下。

[①]　许纪霖：《从特殊走向普遍》，载于许纪霖主编《公共性与公共知识分子》，江苏人民出版社，2003，第28~30页。

第一，政府治理制度不完善。制度是政府治理规范性的重要依托，政府治理存在诸多乱象，主要症结之一在于公共风险政府治理的制度尚不完善。如公共财政的公开制度、决策公开制度、公共风险公开制度尚未建立，政府治理透明度不高、习惯于暗箱操作，公众了解政府治理信息的渠道不畅通。某些地方重大建设项目环评"捂盖子"，遮遮掩掩，试图掩盖事实真相，致使矛盾发酵，严重损害了政府公信。

第二，政府治理制度的虚化。制度是政府治理风险、治理不确定性特别倚重的工具。制度化是现代政府履行治理使命的主要路向，也是现代政府降低政府不确定性、降低政府风险、增强政府公信力的主要路径，我国政府治理，在改革路向上也明确提出了制度化的改革路向。在过去几十年的政府体系建设中，政府体系的制度框架和制度支撑得以搭建。随着国家文明从农业文明向商工文明过渡转型，过去建立起来的与农业文明相适应的政府体系，需要不断地进行自我调整。体系内的自我调整和修复，导致政府制度不断地被修订，这一过程极容易导致制度虚化，制度无法在政府治理动态的实践过程中得到落实。尤其是政府体系不得不面对一个结构性风险——权威体制与有效治理之间的矛盾，缓和这一矛盾所运行的一系列机制诸如决策与执行的松散关联、运动型治理机制、正式制度的非正式运作、运动型政府，都"与现代国家制度建设不兼容甚至冲突，衍生了其他始料未及的后果，因此潜伏着极大的危机"[①]。而制度被虚化，则是其最为直接的后果。与政府制度被虚化相反的一个趋势是，政府治理的人格因素在这一过程中不恰当地得到了强化和固化。

---

① 参见周雪光《权威体制与有效治理：当代中国国家治理的制度逻辑》，《开放时代》2011年第 10 期。

第三，政府治理行为存在着诸多权力腐败。公共风险的政府治理，其依托的法律、政策工具需要具有相当幅度的弹性，允许治理过程中存在灵活的、丰富的自由裁量，确保政策工具具有高度的适应性和灵活的伸弹性。"允许行政机关具有广泛的自由裁量权，在理论上是正确的，在实践上也是适当的。"[1] 监督体制不完善、体制虚化为治理权力的弹性提供了腐败的可能。诸如"表叔""房婶""特供""萝卜选拔""吃空饷"等，这些都是权力失范造成的权力腐败。权力失范多类型、多形态、高频率地发生，政府体系的公信无疑将遭到严重的侵蚀。

改革攻坚阶段人化的、制度化的、公共化的公共风险不确定的多元因素错综复杂，多态势的牵连因素盘根错节，带来一系列的挑战，直接影响到政府体系的宏观格局和微观建设，如目标设定、政策选择、制度建构等，也深刻影响到政府公信。对于复合化的公共风险，大量风险未能在政府体系的行政治理中得到有效治理而成为外溢风险和剩余风险。公共空间中，外溢风险和剩余风险不断向下累积、不断向社会基层沉淀。公共风险向外、向下的流动，造成基层政府"无限的责任、有限的权力"，其拥有的组织资源、制度资源、经济资源、信息资源、人力资源等与其管理职能都不匹配，基层政府处理社会事务有心无力、力不从心。[2] 社会基层剩余风险、外溢风险、沉积风险形势严峻，严重影响政府治理的社会效果，影响社会群体对政府的信心，政府公信不断受到侵蚀，公共风险政府传统管理格局的改革和重构，迫在眉睫。

---

[1] 〔美〕乔治·弗雷德里克森：《公共行政的精神》，张成福等译，中国人民大学出版社，2003，第11页。

[2] 参见肖立辉《加强基层政权建设》，载张恒山主编《当代中国社会管理创新》，中共中央党校出版社，2012，第81页。

三　公共风险协同治理

依系统演化理论，如果系统在获得空间的、时间的或者功能的结构过程中，其要素不依靠外界的特定干预，而是按照相互默契的某种规则，各尽其责又协调、自动地形成有序结构，该系统便是自组织的。① 国家作为一个自组织系统，公共风险治理是国家体系自我发展、自我协调、自我保障机制的本质要求，也是国家体系自我发展、自我协调、自我保障能力的重要组成。提升结构强度、降低不确定性是所有生命和所有系统存续、发展的需要。治理公共风险，是国家自我协调的需要；而公共风险治理，则是国家治理体系的重要构成。

公共风险，理论上，存在着多元治理主体。各个治理主体——政府力量、市场力量、社会力量，有着各自独特的治理机制，它们之间形成不同的结构关系，型构公共风险治理格局。其中，政府力量运用的是公共资源，产出的是公共政策和公共服务，其对公共风险的治理模式是行政化治理模式。市场力量，遵循市场规律，运用市场资源，转移、化解公共风险。其中，保险业是极为重要的市场力量。保险业运用的是保险技术和保险市场资源，产出的是保险产品和保险服务，其对公共风险的治理模式是市场化治理模式。而社会力量，包含着社会组织力量和社会个体力量。社会组织力量，其运用的资源是社会资源，是社会资源的自愿集合，其对公共风险的治理模式是自治化治理模式。社会个体力量，是风险的自担力量，风险损失由遭受风险的个人承担，其运行的机制是风险的自我负担机制。传统社会中，私人风险负担机制基本以风险的自我负担为主。随着现代社会的来临，公共风险日益复杂化，风险的自我负担机制已经难以适应现代社会的发

---

① 〔德〕H. 哈肯：《信息与自组织》，郭治安等译，四川教育出版社，1988，第29页。

展，公共风险治理越来越倚重公共风险的市场化治理和行政化治理，尤其是行政化治理。对于处在现代化进程中的国家，随着公共风险的迁演，公共风险治理方面也将在回应性诉求和建构性诉求的合力推动下，潜移默化地演绎着转型进行时。尤为迫切的是，现代性内生内在的公共风险治理的社会呼声，推动着传统治理格局不断做出回应、修复、调整。公共风险治理能力关系到国家的自我协调能力和国家治理能力。从建构角度考虑，建构一个怎样的治理格局，如何科学配置各个治理力量的治理权力，也是国家推动、指引公共风险治理过程中需要解决的一个问题。

值得注意的是，风险的人化、制度化和公共化使公共风险政府治理的外部环境、政策工具、政策效果衍生出明显的不确定性。其一，风险治理的外部环境中，各元素如经济形势、社会力量、事态格局频频变幻，风险治理的既成、延后等特征致使环境中各元素及其变化无法预先、及时、全程、动态地被认识、被理解，作为风险治理中坚力量的政府出台的法律法规、政策滞后而易流于不合时宜。其二，公共风险生成具有潜伏性，发生具有突发性、波折性；一旦爆发，社会不良影响便具有纵深性、破坏性等特征，其涉及的人、事、关系、利益，往往错综复杂。因而，追求良性善治的风险治理所依托的法律、政策需要具有相当幅度的弹性，允许风险治理过程中存在灵活的、丰富的自由裁量，确保风险治理政策工具高度的适应性和灵活的弹性化。但在风险治理活动中，尤其是政府在治理公共风险时，作为在动态复杂的社会中运行的公权力，其运行的合法、公开、公正、公信等法治的现代化指向将限缩风险治理政策工具的适应性、弹性化。面对公共风险，风险治理良性善治的治理目标与公信法治的治理准则之间产生了深刻的裂缝。此外，由于公共风险的复杂化、多态化，目前我国风险治理主体的风险治理经验并不丰富，回应公共问题和公共风险的制度建设也相当不成熟，治理理念、治理模式、治理程序、治理系统建设都处于摸着石头过河阶段，在很大程度上，风险治理过程中法律、政策工具、采取的方案和行动究竟会产生怎样的效果在错综复杂的社会中具有相当大的不确定性。可以说，随着风险的人化、制度化和公共化，社会的不确定因素、多元因素错综复杂，多态势的公共风险盘根错节给权威体制下的公共风险政府治理带来一系列的挑战。

现代社会，具有公共性、社会性、系统性的公共风险已经无法单纯依靠政府、市场力量、社会力量来有效地加以解决。将公共风险完全推给市场是不现实的，也是不负责任的，最终将导致市场无法满足整个社会的风险治理需求，使得整个社会承担较高的公共风险，影响社会的稳定和社会的发展。特别是社会弱势群体，其自担风险的能力有限，将公共风险完全推给市场，而市场实际上无法完全、充分地分散、统筹社会公共风险，最终公共风险造成的灾难还是由社会弱势群体自我负担，这将给弱势群体的生产、生活带来严重的影响。另外，在政府公共资源紧缺的情况下，过分强调公共风险的政府治理，过分强化政府的福利责任和治理责任，也将置政府于危险境地，最终，政府有限的财政资源、制度资源、政策资源和人力资源也将无法及时、充分回应公共风险，也无法满足整个社会的风险治理需求。所以，仅凭自由市场不会产生物质富裕、精神富有的现代社会，单是政府也不能完成这个任务。

公共风险治理格局转型调整，至少应考虑以下两个内容：治理目标的调整和治理权力的调整。其中，决定格局结构的是治理权力的配置。治理权力如何配置，决定着治理主体的格局关系和公共风险治理格局的模式特征。

（一）治理目标的调整

公共风险治理格局的转型是我国公共风险治理现代化的必由之路。公共风险治理格局转型，首先需要推进治理目标从应急型转向预警型。整体来看，公共风险治理的整个流程，包括风险预测、风险识别、风险评估、风险处理、风险决策、风险救济。与后现代国家从20世纪80年代就开始深入探索公共风险治理不同，我国公共风险治理起步比较晚，公共风险治理处于起步阶段，治理目标导向上，以公共风险事后的危害治理为主，强调对公共风险的应急处置和及时控制，事后救济的特征非常明显。当前，我国的公共风险治理理论和治理实践比较集中于公共风险救济，将公共风险治理重心放在风险发生后的救济、决策处理环节①。我国公共风险的治理目标，其设定上，更多的是以应急为主，公共风险治理格局属于应急型公共风险治理格局。这一目标导向，不利于推动我国公共风险治理的建设和发展，不符合转型期我国公共风险频发的客观现实；而且，应急型公共风险治理格局也难以满足我国改革攻坚阶段国家发展的实际需要。

从公共风险治理的现实需要来看，将公共风险治理重心前移，集中于公共风险预测、公共风险识别、公共风险评估，集中于公共风险防患于未然才能真正体现公共风险治理的核心价值。后现代国家公共风险治理的目标，也经历了一个从应急型公共风险治理转向预警型公共风险治理的发展过程。如在美国，"9·11"恐怖袭击事件使得美国政府得到深刻教训，自此，其开始注意对危机事件进行前馈控制的重要作用，风险治理体系随后得以迅速建立起来。而英国，以社会风险评估、监控和预警为重点，逐步建立起覆盖公共危机的风险治理体系，强调风险治理的目标设置便是提升服务的质量和改善服务提供的效

----

① 温志强：《预警型公共危机管理体系构建》，《前沿》2012年第15期。

果，将公共部门风险治理的职责进一步延伸到公共风险、社会风险的治理中，强化政府与社会互动的风险应对机制。①

数往知来，转向预警型公共风险治理，是我国公共风险治理目标的调整方向。政府在推进预警型公共风险治理格局建设中，一是需要明确治理目标的转向，力塑预警型公共风险治理目标；二是需要大力推进预警型公共风险治理的组织化、标准化、技术化、制度化、法治化，逐步建立、完善预警型公共风险治理的主导机构、标准体系、技术支持、配套制度和法治保障；② 三是需要科学引导治理资源，引导治理资源重点投向公共风险预测、公共风险识别、公共风险评估等环节的技术开发、系统建设，重点发展公共风险预测、预见、预报、预备、预防、预案、预演等治理咨询服务。

（二）治理权力的调整

公共风险治理格局的转型调整，中心内容体现为治理权力的转型调整。社会主体是否享有治理权力，核心考虑的第一个因素是其资源对公共风险治理的必要度或参与度。预警型治理是公共风险治理的转型目标。预警公共风险，需要公共空间提供充足的治理资源。公共风险治理对资源的需求性和依赖性，以及资源对公共风险治理的限度，决定了资源参与公共风险治理、获得治理权力的合理性。社会权力是社会主体以其所拥有的社会资源对国家和社会的影响力、支配力。③社会主体因公共风险治理对其资源的依赖而获得公共风险治理权。从这个意义上来看，形成一个资源开放性、互补性、多元性的公共风险

---

① 崔艳武、高晓红、汤万金：《公共风险、社会风险与公共部门风险管理——基于国内外文献挖掘的理论思考》，《标准科学》2013年第2期。

② 游志斌、杨永斌：《国外政府风险管理制度的顶层设计与启示》，《行政管理改革》2012年第5期。

③ 郭道晖：《社会权力与公民社会》，译林出版社，2009，第3~4页。

治理格局有助于丰富治理资源的供给，保障公共风险治理持续稳定的供给，有助于切实推动预警型治理目标的实现。

社会主体是否享有治理权力，核心考虑的第二个因素是公共风险治理技术的有效性。有效的公共风险治理需要考虑到公共风险的前置效应和后置效应。从公共风险的前置效应来看，公共风险意味着复数主体可能受到风险的影响，复数主体的私人利益可能受到潜在的、未来的破坏力的威胁。风险厌恶需求的社会化，推动着复数主体风险分担市场化机制的发展，其中，保险是复数主体风险分担机制最典型、最成熟、最见成效的机制之一。从公共风险的后置效应来看，当复数主体治理能力或者治理资源不足以应对公共风险，或者复数主体风险分担市场化机制不足时，出现剩余风险，①公共风险外溢，产生后置效应，对社会生活、社会生产、社会秩序产生诸多破坏力。公共风险后置效应意味着公共空间可能受到风险的影响，公共利益可能受到潜在的、未来的破坏力的威胁。这种破坏力对公共空间、公共生活和公共秩序有着足够严重的影响。由于公共空间缺乏私人空间的封闭性，不存在私人空间的疆界之门，也不存在私人利益的疆界之锁，因而，公共利益维系缺乏私人利益内在具有的"私我"动机，而存在着"搭便车"现象——寄希望于其他公共风险承受者采取行动而不愿意自己付出。②公共风险虽然可预测、可识别、可评估、可规制、可救济，但预测、识别、评估、规制、救济的成本高，而且该成本难以通过市场机制获得补偿。

公共风险后置效应治理机制的实践探索，主要表现为两种类型。一种是公共风险的自治化治理机制。公共空间中个体突破意志的个体

---

① 〔美〕埃米特·J. 沃恩、特丽莎·M. 沃恩：《危险原理与保险》，张洪涛等译，中国人民大学出版社，2002，第 84 页。

② 傅蔚冈：《对公共风险的政府规制——阐释与评述》，《环球法律评论》2012 年第 2 期。

化、能力的个体化和资源的个体化，在特定范围实施意志的联合、能力的联合或者资源的联合。这是社会内在自发回应公共风险的一种机制。诸如设立公共风险赔偿基金、特定风险治理基金，对特定公共风险集资、募捐，等等。通过设立公共基金的方式来对公共风险的受害者予以赔偿，已经成为风险社会中的一个普遍现象，比如，德国药事法中规定的药事赔偿基金，日本《医药副作用救济、研究振兴与调查机构法》的独立救济基金，美国《国家儿童疫苗损害法》中的国家儿童疫苗损害赔偿计划、疫苗及受害者救济制度以及我国《道路交通安全法》中的交通事故社会救助基金。[①] 社会化治理源于社会，有着较深厚的社会基础，但需要较为漫长的成长时间，该机制存在的领域、区域有限，并不是普遍化地存在。

另一种治理机制是行政化治理机制。国家积极推进公共风险治理，国家权力介入，积极推进创设性主体的设立，授权原生性主体代为行使一定的公共风险治理权限，认可原生性主体在公共风险治理特定情势中的治理能力，由其供给公共产品、提供公共服务。政府行政化治理机制的优势在于资源集合属于行政化集合，具有较强的动员社会资源的能力，在关键的公共风险治理事务上发挥着主导性作用。[②]

从公共风险两个层面的效应来看，不同于私人风险，公共风险难以通过纯粹市场化治理机制来实现治理，需要综合运用市场化治理机制、自治化的治理机制和行政化的治理机制。公共风险治理机制存在共融互补的客观规律，政府、市场力量、社会力量在公共风险的不同治理阶段需要获得公共风险治理权，这也是国家配置治理权力需要特别关照的一个现实。对于治理权力的配置，若将市场化治理机制和自

---

① 傅蔚冈：《合规行为的赔偿机制——基于风险社会的视角》，载季卫东主编《交大法学》第二卷，上海交通大学出版社，2011。

② 陈振明：《社会管理格局和体系建构的理论基础》，《甘肃行政学院学报》2008年第4期。

治化治理机制排斥于公共风险治理的格局之外，最终将形成管制型格局，将导致大量的公共风险外溢、政府用以治理公共风险的资源贫乏。①

公共风险已经难以单纯依靠政府力量、市场力量、社会力量中某一单一主体来有效地加以解决。虽然政府存在的唯一使命就是化解公共风险，但这并不意味着政府需要独占公共风险的治理权力。复杂性不断增强的现代社会需要一个全新的混合型公共风险治理系统。转型期的中国，需要一个不断调整、不断创新的新型公共风险治理系统，逐渐从政府主管公共风险治理转型为政府主导公共风险治理。风险社会的特质和风险治理的历史表明，仅仅寄望风险自担的市场力量或者风险公共治理的行政力量来治理、规制公共风险，已经无法适应时代的需要、消解有关风险的社会忧虑。当代中国风险社会的客观现实表明，新型的公共风险治理不能是单纯由政府运作公权力来回应公共风险，而应该是政府、社会组织、公民共同参与的互动过程；不能是依靠政府强制力以命令、强制来推行政府意志，而应该是政府与公众进行协商、互动、合作的过程。转型期的公共风险治理的变迁轨迹，将从管制型公共风险治理向协同型公共风险治理转向，从政府主管公共风险治理向政府主导、社会多元协同、公众参与的协同治理格局转向。科学的公共风险治理模式应最大限度激发领导者、主导者、参与者、协同者的治理积极性和治理活力，最大限度增加治理资源的投入和运作，最大限度减少障碍和阻力，最大限度消除不稳定和风险因素，为公共风险治理提供足够的动力和保障，促进政府行政功能同社会自治功能互补，激励政府治理力量与社会调解力量互动，推动政府、社会、

① 〔美〕诺内特、塞尔兹尼克：《转变中的法律与社会——迈向回应型法》，张志铭译，中国政法大学出版社，1994，第5页。

市场力量以其各自的优势接驳到公共风险治理活动中；科学的公共风险治理格局通过整合公共风险治理领导者、主导者、参与者、协同者的优势资源，从而发挥政府、社会、市场力量各自的作用。整体上，转型期的中国，科学的、新型的公共风险治理格局具有如下显著的转型趋势：由政府包揽一切向社会协同转型，由治理信息闭塞状态向治理信息网络化转型，由单一利益共同体向多元利益集群转型，由单一意识形态向多元意识形态转型。①

---

① 详见张恒山主编《当代中国社会管理创新》，中共中央党校出版社，2012，第8页。

第二章
保险协同治理的基本原理

一个社会理解、度量和管理风险的能力是现代社会与古代社会的主要区别之处。

——彼得·L. 伯恩斯坦《抗争命运：值得注意的风险》①

现代社会，治理指向非暴力多元力量协同、多元机制共振的非私域介入型的协调活动。治理创造秩序，其发挥协调功能需要依靠多元治理力量的相互作用。保险在风险管理的历史发展进程中，发展出成熟的风险管理机制和具有专业优势的管理资源。保险业作为风险管理的市场力量，拥有协同治理公共风险的资源优势，具有协同治理公共风险的能力，能有效参与公共风险协同治理活动，是公共风险协同治理重要的市场力量。同时，保险作为风险管理的分险机制之一，具有市场统筹转移风险的优势。

逻辑上，公共风险协同共治，有必要鼓励、推动、保障保险积极

---

① 魏华林、李金辉：《论充分发挥保险的社会管理功能》，《保险研究》2003 年第 11 期。

协同公共风险治理。在公共风险协同共治的治理格局中，政府需要发挥主导作用。现代社会，政府支配着大量的公共资源，诸如技术、服务、数据、信息、人力和财力，作为社会资源行政配置的核心组织，处于公共风险治理活动的中枢，协调公共风险治理的策略，完善公共风险治理的政策，提供公共风险治理保障，高效回应公共风险，为国家提供风险治理保障和民生保障。而保险，作为风险分险管理的产业力量，经营风险、管理风险，转移风险、分散风险，依托风险管理的市场机制，在政府政策的激励、支持下，积极参与到公共风险治理之中，有效克服公共部门公共资源运作中难以克服的负外部性，将具有可商业化的可保风险进行专业化的分险管理，为国家和社会提供保险服务。公共风险的政府治理和保险分险在公共风险治理模式、治理机制上各具特色，政府治理强调政府公共资源的投入和公共政策、公共保障的产出；保险分险属于以市场力量经营、管理风险，二者各具优劣，在公共风险治理格局中不可或缺。

一　迈向公共服务的治理

风险，是指不确定发生的可能危害或者损害。一个较为普遍的看法是，风险概念形成于早期航海业。德国学者贝克认为，风险概念可以追溯到洲际航行时代，那时的风险被认为是冒险，并与保险概念紧密相关。英国学者吉登斯也认为，风险的概念看来最初起源于探险家前往未知地区的时候，还起源于早期重商主义资本家的活动。这种起源于早期航海业并与保险概念相连的风险概念，具有两个要素：一个是特定损害后果发生的可能性，即概率；另一个是损害本身。积极的风险观并不将风险与损害直接联系在一起，而是强调风险只是反映损害发生的可能性，从而可以成为个体决策的依据。积极的风险观强调风险与获利相伴随，重视风险应当由市场去调解，而非依赖政府控制。而消极的风险观则注重风险会导致损害的一面。尽管个体可能由于概率而侥幸避免损害，但就整体而言，风险必然转化为损害，这种损害还必然扩展到社会其他成员，而且，大多数人其实并不明白其选择的风险含义，因此，风险难以作为个人理性决策的依据。但是，在现代社会，积极的风险观受到严峻的挑战，这主要源于现代社会公共风险的时代特性。现代风险是人类社会存在和发展的伴随物，在现代社会，我们除了冒险，别无选择。①

现代社会，风险之所以人化、制度化和公共化，与人类的社会连带性是密切关联的。在社会工业化、城市化进程中，随着经济生产的规模化、格式化、流程化、工业化，家庭供给已经无法满足人的需要，人类的公共需求满足模式从以家庭供给模式为主转向以社会供给模式为主。公众基于社会生产和社会需求之间强烈的连带性、依存性，相互之间形成复杂的依存关系和依赖关系。这种关系，随着经济要素全球流动的发展和增强，逐渐获得了超越国家和民族的连带性、复杂性和风险性。在这一发展进程中，众多个体面临着许许多多相同的风险，随着生产方式和生活方式的发展，专业化管理这些"同一风险"逐渐成为社会成员普遍的诉求。商业保险正是在这一社会变迁中不断地发展和壮大。随着社会成员风险的同一性和连带性的增强，保险获得其基本原则——大数法则——得以适用的公共空间。

现代社会的发展，不仅仅是公共风险市场化治理得以产业化发展的历史；也是公共风险行政化治理得以确立、发展的历史。随着公共需求的增长，政府要承担新的义务。这一义务源于社会公共利益要获

---

① 参见沈岿《风险规制与行政法新发展》，法律出版社，2013，第4~9页。

得社会表达、社会沟通的路径、渠道，是对行使公共权力的政府提出的供给、增加、保障公共服务的转型要求。从社会变迁的角度来看，现代政府必然意味着服务政府。公共服务是现代政府的基本职能。"国家政策必须由它所处的整个环境来加以决定。"① 现代社会公众的基本生活需求，都是由具有经济上的复杂性的组织来加以满足或操作的，以至于它们在操作中的一瞬间的困难都会威胁到整个社会存在的基础。因而，政府的职能得到大幅度的拓展。社会变迁给政府设定了新的义务。社会的演进已经到达这样一个临界点——公众已经开始要求政府提供国防、治安和司法之外的公共服务。19 世纪以来，工业化之结果促使一般低收入劳工常因疾病、意外、谋生能力之丧失而产生了经济保护的需要性。为了维持社会安定、保护劳工的经济生活条件，具有历史重要性之"社会保险"制度诞生了——首创于 1881 年的德国。而此种深具国家社会政策色彩之社会保险和其他保险不同，前者之保险关系大多基于法律直接规定，后者则因契约关系而成立，被称为"个别保险"。② 这时，政府的转型已经悄然发生了。

以古罗马时期治权概念和法国君主制时期博丹、勒瓦索、勒布雷、多马主权理论为渊源建构起来的国家主权理论、抽象人格理论、超越意志理论已经无法兼容、解释公众的转型诉求和政府的转型职能，它们已经无力保障公众免受那些拥有政治权力者的侵害，无法防范独裁和垄断对公众利益的侵害，也无法保证公共服务的组织和运作得以充分的履行。主权理论、人格理论、意志理论轰然坍塌。公共服务理论以其理论的现实解释力和现代的兼容力取代了公共权力理论。

---

① 〔法〕狄骥：《公法的变迁》，郑戈译，第 49 页。
② 江朝国：《保险法基础理论》，中国政法大学出版社，2002，第 12 页。

政府权力出现了现代转型。权力的真正功能是创设秩序和稳定；权力的功能在于满足公共需求，这是权力强制力产生的根源；权力只有在其功能被充分实现的前提下才是合法的。法律之所以具有强制性，是因为它所阐明的是一种法律规则，而这种规则自身就是社会事实的表达。[①] 在社会变迁转型效应的视域下，权力，已经从抽象的超能权力走向社会实在的公共服务。政府权力的转型，伴随着公共服务分散化的发展趋势。增加政府的功能，就是使某项公共服务处于它的控制之下，同时保证这项服务能够不断地得到开展。政府供给的公共服务越来越多地采用了各种形式的分散化体制。在某些情形下，如果行政事务与地区有着紧密程度不等的依附关系，则采取的是地方分权的方式。在某些情形下，行政事务是从过去一直延续下来的，某项确定的公用事业是被移交给一批独立的官员来管理的。而在某些情形下，又存在着某一类行政性的工会组织，在这样的组织中，特定公用事业领域内的技术专家享有某种进行指挥的权利。最后一种情形是，可以将这项公用事业的运营委托给某一位在政府控制下活动的个体公民。与公共服务分散化趋势相并行，另一种相类似的发展趋势——政府活动的产业化——也在不断拓深。[②]

当代中国，国家文明从农耕文明转向商工文明，随着经济的工业化、规模化、标准化和规则化，社会关系的复杂性、紧密性、依存性不断增强。社会转型的景象豁然浮现。当代中国的转型，传承了传统文化的特征，又夹裹着当代的时代特质。但无论如何，社会连带是任何社会都不能忽视的事实。当下，随着经济要素流动性的国际拓展，全球经济联系进一步加强，人类关系在家庭、民族、域际的复杂性、

---

① 〔法〕狄骥：《公法的变迁》，郑戈译，第70页。
② 〔法〕狄骥：《公法的变迁》，郑戈译，第53页。

在社会生活中的相互依存性越来越重要。群体相互依存，即使是出于他们日常的和基本的需要。社会纵深发展使得人与人之间的连带性不断增强，"小国寡民"早已是旧时的影像，自给自足已然是现代化的悖反，越来越多的事务陷入公共之网。

经济从民族供给，进而拓展到国际供给，是当代社会变迁的新趋势。国际化是社会连带性整体的发展过程。随着全球社会连带性的当代发展，诸如需求、市场、产品、技术、金融、信息、劳动力的全球流动，经济生产、社会生活出现了全球化宏观趋势。这一趋势的增强，强化了公共风险的连带性。风险性是现代社会一个不可忽视的特性。在这一社会中，诸多私域生发的风险因其风险后果的牵连性进而转化为公共风险。诸如公众的食品需求、药品需求、教育需求、通信系统、交通系统、供电系统都是由具有复杂性的组织加以满足和操作的，以至于它们在操作中的一瞬间的障碍、困难都可能引发公共空间大范围的危险。2008 年爆发的三聚氰胺毒奶粉事件、2011 年 7 月 23 日温州动车事故、2013 年 6 月 7 日厦门公交纵火案，折射出社会连带的加强，公共空间爆发风险引发的危害极其具有严重性。

风险社会（risk society）① 是乌尔里希·贝克对全球后现代社会和公共空间的概括。在高度发达的现代化和工业化进程中，来自人类自身行为和自制技术的风险，威胁着人的生命、健康、安全和社会秩序。在全球公共空间中，基于制度、产业、市场要素、风险载体等的全球化流动趋势，风险在全球范围内流动，现代社会的诸多公共问题和公共风险同样地在不同程度上发生于未完成现代化的国家和地区。2013 年中国北方发生的雾霾和 2014 年西非埃博拉疫情暴发引发的诸多连锁

① 参见〔德〕乌尔里希·贝克《风险社会》，何博闻译，译林出版社，2004。

事件进一步表明，在全球化进程中，风险连带性正在不断增强，风险全球化事件在今后将愈演愈烈。

2013 年秋冬季中国北方大范围出现雾霾，这一恶劣的环境现象对人体健康危害极大。雾霾可以说是空气污染物连带性的产物，由于燃煤、工业生产、汽车尾气排放等污染因素日益增强，空气中有毒有害的悬浮颗粒增多，造成雾霾天气频繁出现。而雾霾自北向南、自西向东转移扩散，表明空气污染物具有极强的地域连带性，在区域范围、国家范围，甚至国际范围都会产生牵连性的恶劣影响。在工业化的当下，人们生存所需的各种环境资源——水、空气、土地，其区域的、国家的、国际的依存性日渐突出。资源的依存性，也意味着资源风险的牵连效应。煤炭撑起了中国能源供应体系的半壁江山，也酿成了大气污染的苦果。煤炭燃烧后会产生氮氧化物与硫化物，这是 PM2.5 的重要来源。2013 年 12 月，中国百余座城市持续多日出现 PM2.5 重度污染，这在人类历史上前所未有。中国日趋严重的雾霾，正在全球范围内引发天气和能源的连环反应。气候研究人员称，中国的空气污染可能最终促使美国境内出现极端天气。不仅美国，全世界都有可能受到中国雾霾的影响。中国的污染物花了 6 天的时间"漂洋过海"，影响到了美国的空气质量，洛杉矶的全年烟雾污染天数增加了一天。①同时，在能源消耗方面也出现连环反应：世界的煤炭需求增速，可能因此放缓。2013 年 12 月 16 日，国际能源署（IEA）在总部巴黎发布《煤炭市场中期报告》称，基于中国降低对煤炭依赖的严苛政策，未来 5 年，全球煤炭需求增速或被拉低 0.3 个百分点。2013 年 IEA 预测，2013 年至 2018 年，全球煤炭需求将以平均每年 2.3% 的幅度增长。2012 年 IEA 给出的预测则是，2012 年至 2017 年，全球煤炭需求

---

① 《蝴蝶效应——中国雾霾可能导致美国极端天气》，http://wallstreetcn.com/node/86343。

的年均增速为 2.6%。而 2007~2012 年，全球的煤炭需求实际年增长率为 3.4%。①

2014 年夏，埃博拉病毒肆虐西非。而后，随着埃博拉病毒的传播，埃博拉疫情成为国际性的公共卫生紧急事件。2014 年 10 月 8 日，随着一名被诊断出感染埃博拉病毒的利比里亚人邓肯在美国德州去世，国际上弥漫着一股浓郁的恐埃情绪。据报道，2014 年 10 月 17 日，一艘载有埃博拉死亡病例接触者的游轮被墨西哥拒绝靠岸。② 出于安全考虑，墨西哥金塔纳罗奥港口管理局拒绝该游轮在该州科苏梅尔岛靠岸，尽管该接触者目前被隔离且并未出现相关的症状。其间，随着美国接连有护士感染埃博拉病毒，公众人心惶惶，有旅客担心外游"中招"，不惜放弃 6 万美元定金，取消非洲之旅。疫情令美国人捕风捉影。美国航空一班由达拉斯前往芝加哥的航机上，有空姐因怕感染埃博拉，将一名在通道上呕吐的女乘客关在厕所 45 分钟直至航机降落，并将该范围封锁。③

风险的全球流动，使得未完成现代化的国家和地区处于弱势地位，因公共风险治理技术、制度不完善，社会救济、保障能力有限，后现代风险带来更糟糕的破坏力。我国国家建设日新月异，社会发展高歌猛进，经历三十多年的改革发展，中国的工业化、城市化尚未完成，但后现代社会的诸多问题和公共风险跨阶段地提前到来。我国政治建设、经济建设、文化建设、社会建设、环境建设等领域沉淀、积聚了诸多公共风险。可以说，我们处于一个复杂性、依存性、风险性

---

① 《中国雾霾的蝴蝶效应：拉低全球煤炭需求增速》，http：//news. hexun. com/2013 - 12 - 18/160689540. html。

② 《埃博拉病毒最新消息：墨西哥拒绝一艘载有埃博拉死亡病例接触者的游轮》，http：//www. gdyfs. com/news/weibo/20141018/101R0N4Q2014. html。

③ 《怕感染埃博拉 美航空姐把呕吐客人全程锁厕所》，http：//news. carnoc. com/list/296/296971. html。

的转型时代。

"时代的民众意识为统治阶级设定新义务。"① 服务型政府，是我国政府转型的定位，而公共风险政府传统治理格局的改革和重构，则是服务型政府最为核心的内容之一。服务型政府，是一种以社会成员为本位，以满足广大社会成员日益增长的公共需求和公共利益诉求为己任，以服务公众和社会为核心职能的现代政府模式。② 治理公共风险成为现代政府的基本使命。快速准确地回应公共风险、提升整个社会民生保障能力、实现个人利益与公共利益的协调发展是风险公共化趋势下服务政府根本的社会使命。

自 20 世纪 90 年代以来，在西方学术界，特别是在经济学、政治学和管理学领域，"治理"一词十分流行。随着社会连带性的拓展，当代公共权力从公共管理转向公共服务。"社会连带的事实是不容争辩的……它是一种不能成为争论对象的由观察所得的事实。它随着国家情况的不同而具有不同的形态……无论如何，连带关系是一种永恒不变的事实，它本身往往是同一的，并且是一切社会集团不可排斥的组成要素。"③ 有别于农耕文明，商工文明发展演进的现象是，工业化进程中"社会连带"不断得到强化。这一趋势，不仅仅纵贯于经济发展和社会现象变迁之中，也纵贯于当前的制度变革创新之中。"以前曾经作为我们政治制度之基础的那些观念正在逐渐解体。左右我们这个社会的那些法律制度正在发生巨大的变化。"④ 权力的真正功能是创设秩序和稳定；权力的功能在于满足公共需求，这是权力强制力产生

---

① 〔法〕狄骥：《公法的变迁》，郑戈译，第 7 页。
② 刘熙瑞：《服务型政府：经济全球化背景下中国政府改革的目标选择》，《中国行政管理》2002 年 7 期。
③ 〔法〕狄骥：《宪法论》第一卷，钱克新译，第 64 页。
④ 〔法〕狄骥：《公法的变迁》，郑戈译，第 1 页。

的根源。① 在社会变迁的视域下，权力，从传统的主权理论、抽象的意志理论走向公共服务理论、社会功能理论。

在人类文明发展进程中，社会的政治生活发生了重大的变革，最引人注目的变化之一便是人类行政过程的重心正在从统治走向治理。国家无法通过自己的行动解决所有的问题，要从新的角度出发，推行新治理。② "治理"一词被广泛运用于社会各个领域。全球治理理论的主要创始人詹姆斯·罗西瑙（J. N. Rosenau）在其代表作《没有政府统治的治理》和《21 世纪的治理》等文章中明确指出，治理与政府统治有着重大区别，治理是一系列活动领域里的管理机制，它们虽然未得到正式授权，却能有效地发挥作用。与统治不同，治理指的是一种由共同目标支持的活动，这些管理活动的主体未必是政府，也无须依靠国家的强制力量来实现。治理的内涵比政府统治更丰富，它包括非正式的、非政府的机制。

1992 年发起成立的联合国全球治理委员会（CGG，The Commission on Global Governance）对治理的概念进行了界定，认为"治理"是指"各种公共的或私人的个人和机构管理其共同事务的诸多方法的总和，是使相互冲突的或不同利益得以调和，并采取联合行动的持续过程"，这既包括有权迫使人们服从的正式制度和规则，也包括各种人们同意或符合其利益的非正式制度安排。它有四个特征，即治理不是一整套规则，也不是一种活动，而是一个过程；治理过程的基础不是控制，而是协调；治理涉及公共部门，或包括私人部门；治理不是一种正式的制度，而是持续的互动。③ 治理包括治理国家、私营部门和社会部

---

① 〔法〕狄骥：《公法的变迁》，郑戈译，第 70 页。
② 张文成编《德国学者迈尔谈西欧社会民主主义的新变化与"公民社会模式"》，《国外理论动态》2000 年第 7 期。
③ 俞可平：《论国家治理现代化》，社会科学文献出版社，2014，第 18 页。

门，它们都对持续的人类发展具有重要的作用。国家构架一个可行的政治和法律环境，私营部门创造就业和收入机会，社会部门协助政治和社会互动，动员各种力量参与经济、社会和政治活动。研究治理理论的权威人士格里·斯托克认为，治理意味着在公共事务的管理中，还存在着其他的管理方法和技术，政府有责任使用这些新的方法和技术，来更好地对公共事务进行控制和引导。[①]

随着公众需求的社会化供给，满足公共需求、管理公共风险的公共行为、公共服务获得空前强调，政府组织的回应、服务职能决定了政府性质和政府权力的性质，政府权力的公共性、义务性在社会变迁中逐渐获得了观念的表达、政治体系的表达。改革开放至今，我国政府对政府职能的认识和定位日渐清晰。政府逐渐从全能政府向有限政府转型、从有限政府向服务型政府转型。[②] 服务型政府，是我国政府转型的一个方向。

社会变迁中的公共风险，是风险治理最根本的指向，公共风险治理是社会治理活动最根本的内容。公共风险在现代社会不断流变，回应公共风险、加强社会治理的社会需求也在不断增强。当前，我国正处于社会转型的改革攻坚阶段，风险的人化、制度化和公共化趋势明显，经济建设、政治建设、文化建设、社会建设和环境建设过程中公共风险的集聚进一步触发了公众对公共风险治理的需求，一方面这一现实将在纵深方面拓展风险治理的领地；另一方面也给传统的公共风险治理格局、制度、技术带来诸多的挑战。

中国社会转型带来的挑战，推动着党和国家在国家层面上重新认识公共风险治理。近几年，党和国家对风险治理的认识有了更加宏阔

---

① 〔英〕格里·斯托克：《作为理论的治理：五个论点》，《国际社会科学》（中文版）1999 年第 2 期。
② 参见王丽莉《服务政府：从概念到制度设计》，知识产权出版社，2009，第 10~12 页。

的视野①，党和国家战略性地认识到：公共风险治理是社会治理的重要内容。社会治理是人类社会必不可少的一项管理活动，社会治理的基本任务包括协调社会关系、规范社会行为、解决社会问题、化解社会矛盾、促进社会公正、应对公共风险、保持社会稳定等方面。党和国家对社会治理的认识，拓宽了传统社会治理的领域，社会治理的领域不再单纯局限于社会建设这一特定领域，而是涉及整个国家建设的领域，无论是经济建设、政治建设、文化建设、社会建设领域，还是环境建设领域，其中发生的公共问题和公共风险，都属于社会治理的客体。当代的社会治理，不仅仅需要指向社会关系、社会行为，更需要回应公共风险；而且，公共风险是所有社会治理最基本的指向，治理公共风险是所有社会治理活动最基本的内容。

公共风险治理是对公共风险具有回应、化解、规范、协调等功能的社会资源的整合活动。公共风险治理实质上是对公共空间中可能产生破坏力的不确定性进行有效管理。公共风险治理包含着综合的治理活动，具有诸多要素属性，包括主体要素属性、客体要素属性和内容要素属性。这些属性是引导、推进公共风险治理应予以权衡、考量、关照的基本面。

公共风险治理的主体是具有公共风险治理能力的主体。治理能力既包括法律上的管理资格，即主体获得法律上的授权，主体依据法律授权获得管理公共风险的资格；也包括风险情势产生的管理资格，这一管理资格是基于公共风险情势中主体控制并能有效运作公共风险管理情势所需管理资源而获得的管理能力，是一种被社会认同、被社会

① 2011年2月19日省部级主要领导干部"社会管理及其创新"专题研讨班开班式在中央党校举行，胡锦涛发表重要讲话。《胡锦涛：扎扎实实提高社会管理科学化水平》，http://cpc.people.com.cn/GB/64093/64094/13958405.html。

接受的管理资格。风险情势产生的管理资格是一个复杂的机制，至少包含三个不可忽视的要素：拥有资源（有管理的可能）、风险的客观情势（有管理的需要）和社会认同基础（有管理的可行性）。

治理的客体是公共风险，是一种有社会破坏力的不确定性。对经济、政治、社会、文化和环境的秩序、稳定、发展可能产生的破坏力，在未来的时间里可能产生不确定性，这种具有破坏力的不确定性，既可能产生在经济建设中、政治建设中、文化建设中，也可能产生在社会建设中和环境建设中，是各个领域、空间都可能存在的公共风险。在国家建设、国家变迁发展过程中，需要极其重视公共风险治理的客体属性，对于经济建设、政治建设、文化建设、社会建设和环境建设中可能产生破坏力的不确定性，积极回应公共风险治理的社会需求，调动多元治理主体的积极性，综合运用多种治理机制、治理手段分散、化解公共风险。

公共风险治理是综合的治理活动，具有公共性、资源性、效能性和成本性的属性。

（一）公共性因素

公共性是公共风险治理的价值属性，体现的是公共风险治理的基本精神，是公共风险治理具体治理策略、治理行动贯彻的价值指南。公共风险治理是从公共利益出发统筹治理资源，立足公共利益，指向公共未来。一切公共风险治理，都应遵循这一价值原则。失去公共性，治理就不成其公共风险治理。公共风险治理的公共性，关键是治理权力的公共性。公共风险治理，存在着治理权力所有者与行使者之间的分离。治理权力分离，二者的意志与行为之间存在着失调风险，这是公共风险治理权力异化的渊薮。公共风险治理权力，不仅需要获得法律授权或者社会认可，更需要在治理意志上和治理行为上实践公共意志、坚持公共利益。公共风险治理中公共意志包括公共意志的形成、公共意志的贯彻以及公共意志的监督。公共风险治理权力需要一个怎样的体系来维系公共意志的形成、公共意志的贯彻以及公共意志的监督，需要从公共风险治理权力受体对公共风险治理权力主体的评估需求出发。从公共风险治理权力受体的评估需求来看，一个外观化、可预见、可客观评估的制度化、规范化体系，能为防范公共风险治理权力异化提供保障。

(二) 资源性因素

从公共风险治理的宏观来看，公共风险治理是治理资源的整合实践活动，须臾离不开政策资源、制度资源、组织资源、人力资源、经济资源、信息资源。资源性揭示了公共风险治理的实践属性。从公共风险治理的微观来看，由于治理资源在公共空间中的分布存在着主体、结构、空间、时间上的多样化，因而，不同主体、不同结构、不同时空的公共风险治理的主体结构、权力关系、治理机制、治理资源的运行模式自然而然存在着差异。实践中，忽视公共风险治理的差异化、多元化的客观要求，无疑会踏空公共风险治理的现实需求，最终抹杀了公共风险治理多元参与、多元协调的可能。正是由于治理资源分布和治理资源参与存在着上述差异化，公共风险治理，才有必要各尽所长、各尽所能、各取所需，协同治理。公共风险治理的资源性，对公共风险治理的目标、政策、技术会产生一定的限制。"公共风险管理所需要的资金、专业技术以及公共风险本身的特质等资源条件约束着公共风险管理目标的实现。"[1] 公共风险治理不可能长期脱离治理资源。任何类型的社会，公共风险治理目标的实践，都需要足够的治理资源来支撑。如果不正视公共风险治理对

---

[1] 滕焕钦、张芳洁：《政府公共风险管理效用目标探索》，《山东社会科学》2011 年第 1 期。

资源的依赖性以及资源有限性带来的局限，公共风险治理的目标最终
不得不承受落空的风险。

（三）效能性因素

公共风险治理的视野总是从当下向未来眺望。公共风险治理的效
能是治理活动在公共空间的未来产物。效能性是公共风险治理的应然
追求，是指公共风险治理应该具有回应、化解、规范、协调公共风险
的社会效能。效能性用以科学评估公共风险治理技术。这意味着只要
具有回应、化解、规范、协调公共风险效能的技术，就可以考虑将其
纳入公共风险治理体系。在公共风险治理发展的道路上，随着公共风
险治理主体的多元化、公共风险治理方法的多样化和公共风险治理路
径的多态化，公共风险治理理念似乎在公私分立、公私对立的边界上
越来越模糊，公共风险治理实践也逐渐将行政治理改造为公共治理，
这一点，可以从诸多欧洲国家的公共风险治理从传统的行政治理逐渐
演变为公共治理的历史发展事实得以印证。[①] 公共风险治理的效能性
因素在公共风险治理的实践中有着最为集中的显现，凸显这一因素有
助于将公共风险治理推向一个更为广阔的、更为宏大的视野中。

（四）成本性因素

公共风险治理对资源的依赖性决定了公共风险治理的成本性因
素。公共风险治理不是纯粹的市场治理和行政治理，它依托治理资源
的投入，需要考虑治理资源投入和治理产出之间的关系，需要考虑治
理资源支撑的可持续性。市场治理、商业治理主要考量的是经济效益，
是成本的经济量化和收益的经济量化之间的同质考量。行政治理主要
考量的则是政治利益，考量政治合法性和政治认同，虽然行政治理高

---

① 〔美〕朱迪·弗里曼：《合作治理与新行政法》，毕洪海、陈标冲译，商务印书馆，2010，
第 iv 页。

度依赖资源，但行政治理成本并不是行政治理考量的核心因素。而公共风险治理主要考量治理资源投入与社会效应之间的关系，存在着成本的经济量化和产出的社会效应之间不同质的考量。公共风险治理资源的有限性和公共风险治理的成本考量，决定了公共风险治理需要容忍一定限度内的公共风险。公共风险治理的资源耗费远远大于公共风险治理的社会效应，这一类风险将难以被纳入公共风险治理体系。尤其值得注意的是，公共风险治理考量治理成本涉及诸多社会价值的位序，如社会公平、社会平等、社会秩序、社会稳定、社会发展都是公共风险治理可能涉及的价值考量，一旦涉及多种社会价值的位序排列，则何种社会价值在治理政策选择中需要被优先考虑，需要依据具体情势中不同的公共风险治理目标来权衡。

从理论上说，公共风险"治理"不同于"管理"和"统治"。治理体现了行动的理性选择和技术性、专业性。作为社会变迁中的公共风险治理，回应性是其首先应考虑的一个价值向度，当然，在保证回应性的基础上，公共性、效率性和程序性也是不能牺牲的价值向度。保险业作为风险管理市场化、专业化、技术化发展起来的产业，风险管理是其产业发展的基础和核心。保险业管理的风险是保险共同团体所遭受的不可预料的偶发性的、外力作用所产生的风险，[①] 保险业管理的可保风险在宏观属性上具有大数性、外部性、偶发性、补偿性，从可保风险的宏观属性来看，可保风险属于公共风险，是公共风险中那些具有补偿性、技术上可以被市场化治理的公共风险。从回应性角度来看，保险是市场化回应公共风险的市场机制，是市场化回应公共风险专业化、产业化的产物。整体来看，回应公共风险的治理力量有三个：政府力量、市场力量和社会力量。其中，政府力量运用的是公

---

① 参见江朝国《保险法基础理论》，中国政法大学出版社，2002，第 21~28 页。

共资源，以安全为目的进行准入、标准制定和信息披露等政府规制，[①]产出的是公共政策和公共服务，其对公共风险的治理模式是行政化治理模式。而市场力量，是通过风险分散机制分散公共风险可能给个体造成的损害，是一种着眼于事后救济的公共风险市场化治理模式。其中最为重要的力量就是保险业，其运用的是保险技术和保险市场资源，产出的是保险产品和保险服务。至于社会中的个体力量，则是风险的自担力量，风险损失由遭受风险的个人承担，并通过侵权追责的机制追究风险生成中人化因素制造者的责任，其运行的机制是公共风险的自我负担机制。行政化治理模式和市场化治理模式，是一定时期、一定区域公共风险分散、风险统筹的社会化负担机制。农业文明中，私人风险负担机制基本以风险的自我负担为主。随着农业文明向商工文明发展，诸多私人风险逐渐转化为公共风险，大量的制度化风险和人化的风险也不断涌现，风险的自我负担机制已经无法适应现代社会的发展，社会越来越倚重风险的行政化治理和风险的市场化治理。而保险业正是依托保险大数法则，有效回应公共风险的市场化治理的专业化产业，这是建构回应性的公共风险治理必须重视的市场力量。

二　保险协同治理的关系

公共风险的政府治理，属于风险的行政化治理，主要是由政府投入公共资源，供给公共政策和公共保障，管理、统筹公共风险。而保险作为风险管理市场化、专业化、技术化发展起来的产业，风险管理是其产业发展的基础。就其风险管理的特性而言，保险依托大数法则，承保风险，赔偿损失，收取保费，集聚资金，保险经营风险、管理风

---

① 参见傅蔚冈《对公共风险的政府规制——阐释与评述》，《环球法律评论》2012年第2期。

险，转移风险、分散风险，为社会生产提供保险服务；保险依托保险
市场对风险进行商业化管理，其经营主要针对可保风险，运行机制、
运行模式上都属于风险的市场化治理。在风险逐渐公共化的过程中，
风险的市场化治理和行政化治理运行的资源、机制、模式在不断发展
变革。

在不同的治理格局中，市场化治理和行政化治理呈现出不同格局
关系和地位。市场化治理模式的突出特点是以市场力量经营、管理风
险；而行政化治理模式则强调政府公共资源的投入及公共政策和公共
服务的产出。在公共风险政府主管的格局中，政府成为绝对的治理主
体，主宰公共风险的治理权力，而保险作为市场化治理手段，其存在
的发展空间非常狭窄。在历史上，保险在这一格局中，处于泛财政化
从属、边缘状态。

公共风险治理，其使命是规范、高效回应公共风险。可以说，规
范、高效回应公共风险是公共风险政府力量、市场力量、社会力量的
共同目标，而公共风险治理力量之间不同的治理关系型构不同类型的
治理格局。公共风险治理主体之间的治理关系是否恰适，决定了这一
治理格局能否有效回应公共风险。

公共风险治理的回应性。风险生成的公共化和效应的公共化，客
观上对公共风险治理提出了回应性要求。回应性是公共风险治理生成
变迁的逻辑起点，也是公共风险治理格局型构的逻辑起点。公共风险
治理格局的发展应该根据社会公众时代变迁中的公共需求来进行调
整。风险社会中，保险业作为公共风险市场化治理的产业，其有责任
回应、参与到公共风险治理活动中来，有义务也有能力成为现代社会
公共风险公共化治理的参与力量，协同政府治理公共风险。

公共风险治理的公共性。面对公共风险公共化治理的现代化趋

势，解决之道是提供更多的政府，而不是更少的政府；提供更多的政府服务，而不是更多的政府管制。"社会转型改变了公众的需求结构，进而改变了他们对政府体系信任和支持的逻辑。"① 现代社会，利益的实现、权利的保障、正义的维系越来越强烈地预设政府公信。作为系统信任、制度信任的政府公信，信任对象——政府体系的治理目标、治理政策、治理制度等诸多可预见的外观载体，其治理立场、治理态度、治理程序、治理效应已然成为公众评判的主要对象。风险社会，公共行政的合法性是建立在满足受益者的需要和利益基础之上的；政府公信的预设机制突然变迁，取代了传统社会合法性的预设机制。"传统社会中，只要传统居于主导地位，它就能代替信任。它用古代和永恒惯例的认可代替信任。并以这种方式减少不确定性和偶然性。"② 而现代社会，系统信任决定了系统的合法性。现代社会，政府获得公信，根源在于政府体系的宏观属性能有效践行政府治理的职责，公共风险政府治理的体系与社会支持有着高度的相融性。公共行政要关注公共利益的实现，公共行政要关注和致力于实现社会的公平和正义。③ 面向公共利益、关注公共利益、实践公共利益，是型构公共风险治理格局需要考量的重要标尺。公共性是公共风险治理的灵魂，也是主导公共风险治理格局的主体——政府所有的政策、制度、规则内蕴精神的共同指向；丧失公共性，政府主导的公共风险治理就难以名副其实。

公共风险治理的规范性。建构政府主导公共风险治理的公共风险

---

① 上官酒瑞：《从人格信任走向制度信任——当代中国政治信任变迁的基本图式》，《学习与探索》2011 年第 5 期。

② 〔波兰〕彼得·什托姆普卡：《信任：一种社会学理论》，程胜利译，中华书局，2005，第 61 页。

③ 〔美〕乔治·弗雷德里克森：《公共行政的精神》，张成福等译，中国人民大学出版社，2003，第 2~5 页。

治理格局，本质上将对主导力量、协同力量、参与力量赋权，其中，主要涉及治理权力的生成和治理权力的运行。由于权力具有扩张与侵犯的特性，因此，要求对政府权力予以分权、控制。① 治理规范化是治理格局中政府力量、协同力量、参与力量良性发展的基础，治理力量之间的权力边界、权力关系、权力运行、权力评估等，都需要在系统规范的基础上逐渐地建构、明朗起来。可以说，规范性是权力规范和控权逻辑的必然产物；也是控权与分权外观化、社会化发展的必然结果。

转型阶段，我国公共风险传统的行政管制体系存在着回应性较弱、公共性异化、规范性不足等突出问题，这些问题的破解，需要反思和调整这一传统的公共风险行政管制体系。而建构政府主导、社会多元协同的公共风险治理格局，则有助于增强公共风险治理的回应性、公共性、规范性。

（一）有助于增强公共风险治理的回应性

快速回应公共风险是公共风险治理的基本要求。回应公共风险不仅是政府的基本任务，也是一个国家公共治理制度的核心。公共风险治理的回应性，涉及公共风险治理之中的政府与市场、政府与社会、政府与公众之间如何良性互动的制度建构，关系到政府治理的政策、制度、法规的生成，也关系到政府治理举措的实践。宏观来看，公共风险协同治理格局从政府管制到多元协同的发展路径既是政府回应社会公共需求的产物，也是市场、社会力量积极回应社会公共需求的产物。当前，"主动回应社会关切，把人民群众的期待融入政府的决策和工作之中，努力增强提升政府公信力、社会凝聚力的软实力"②，表

---

① 郭道晖：《社会权力与公民社会》，第31页。
② 《李克强主持召开国务院常务会议》，http://news.xinhuanet.com/fortune/2013-09/18/c_117427551.htm。

明政府在实践层面已经明确其"回应"的责任和使命；同时，也明确了政府的角色不仅仅是被动型地回应公共风险，也应是积极主动推动传统治理格局的转型调整，推动回应型、预警型公共风险治理格局的完善建构，通过供应公共产品和公共服务，推动、鼓励、吸引、保障市场力量、社会力量协同参与公共风险治理，增强治理格局的回应性，有效回应社会需求。

建构公共风险协同治理格局，增强公共风险治理的回应性，应注意以下几个问题。（1）回应的使命问题。良序运作的市场需要政府；同样，社会也需要政府。但并不是任何政府都能恰如其分。现代政府不仅仅需要主动回应公共风险的治理需求、预警公共风险、治理公共风险，还需要主动加强对权力的自省和监督，强化政府治理的分权和控权。权力具有扩张性，"必须存在一些限制政府攫掠市场的制度，为良序运作的经济所必需的公共物品的供给奠定基础，同时亦能限制政府以及政府官员的自由裁量和权威"。（2）回应的顶层设计问题。长期以来，政府体系对公共风险及时回应的意识比较淡漠，处于改革转型期的政府，其公共风险治理的回应经验不足，回应制度不成熟。要改变这一格局，有效回应当前公共风险，国家层面和省级层面上需要组织力量，强化公共风险公共化治理的顶层设计，对当前公共风险的特征、布局、领域做出前瞻性的预判；明确对治理的基本精神、治理格局、治理程序、治理资源的配置等做出规划。而建构起政府与市场、政府与保险在公共风险治理活动中的治理关系则是顶层设计中不可或缺的内容之一。（3）回应的边界问题。这是提升公共风险治理回应性一个非常实际的问题。转型期，一个明智的政府既要为了社会经济的发展适时地让权，在这一过渡期它的职能又不仅是简单地让权，还要帮助社会建立市场经济的框架和法规。因而它在改革和过渡期的位置就极其微妙，人们对其应当发挥的职能的认识也存在着严重的分歧。"需要退让的是什么，需要加强的又是什么，即'转型'究竟意味着什么。它需要削弱乃至消除的是，随意进入私人领域的权能；需要加强对市场经济的外部条件的建设：法律的制定和执行，全面社会信息的提供，交通水利等设施的完善。而前者的消除要比后者的加强更为艰难。"①

（二）有助于增强公共风险治理的公共性

公共风险治理的公共性，关系到公共风险治理的价值定位。建构服务型政府，是我国政府的转型定位。就政府而言，确定服务型政府的建构，是政府公共性建构的本质要求。同时，型构政府与市场力量（重中之重是政府与保险之间的关系）之间和谐的治理关系，也是公共风险治理公共性的具体要求。服务型政府，是一种以社会成员为本位，以满足广大社会成员日益增长的公共需求和公共利益诉求为己任，以服务公众和社会为核心职能的现代政府模式。② 政府是否近距离贴近社会，贴近公众，从公众利益出发，以公众利益为本位，全方位保障政府服务的供给，直接关系到政府公信。良性回应当前的治理环境，要求政府在具体的治理政策、决策、制度、行为活动中，在对象、内容、路径、程序、效率等方面坚持公益本位的治理情怀，贯彻公共精神，切实以公众的利益为本位，为公众生活和参与社会经济、政治、文化活动提供保障和创造条件；特别要为生活在社会底层的各类弱势群体和个体正常地参与社会经济、政治、文化活动提供必要的社会救济和社会保障，防范其与社会关系的隔离或者阻断。"公共行政的合法性是建立在满足受益者的需求和利益基础之上的。公共行政

---

① 郑也夫：《信任论》，中国广播电视出版社，2001，第126~127页。
② 刘熙瑞：《服务型政府：经济全球化背景下中国政府改革的目标选择》，《中国行政管理》2002年7期。

要关注公共利益的实现，更要关注少数族群和弱势群体的利益。"[1] 毕竟，公众生活和参与社会经济、政治、文化活动一旦缺失保障而导致其与社会关系被不正常地隔离或阻断，其可能产生的破坏性就难以预料。传统道德在现代性的过程中不断地受到冲击、淡化、破坏，在缺少适合现代社会的道德建构这样的背景下，其对社会各类弱势群体和个体能起到的内在平衡、自我制约的作用何其微薄。在公交车成为风险环境的一个隐喻[2]的背景下，为弱势群体和个体提供保障性的、制度化的公共服务、风险保障（如诸多有关民生的政策保险或者商业保险）是公共风险治理公共性建设中一项极为紧迫的基本工作。

（三）有助于增强公共风险治理的规范性

公共风险治理法治化建构，是公共风险治理规范性建构的具体实践。公共风险治理主导力量与协同力量、参与力量的关系、边界、行为的规范化、法治化，既是治理权力生成的基础、治理权力行权的依托，也是提升公共风险治理效率的保障。公共风险政府主管的传统模式产生诸多后遗症，往往与公共风险治理权力规范的真空化密切关联。而公共风险治理规范性建构不足，导致公共风险现代治理格局中各主体之间的法律地位不稳定、权责不明确，协同过程、协同行为不规范，导致公共风险治理主体消极怠慢，治理行为低效率，公共风险协同治理的效果大打折扣。而保险协同治理公共风险，有助于推动公共风险治理主导力量与协同力量、参与力量的关系、边界、行为规范化、法治化，增强公共风险治理的规范性。

---

[1] 〔美〕乔治·弗雷德里克森：《公共行政的精神》，张成福等译，中国人民大学出版社，2003，第2页。
[2] "从某种意义上说，那辆被炸毁的公交车，很像一个意味深长的隐喻：大家都在同一辆车里，如果一个人绝望，那么所有的人都不安全"，http://jk.2500sz.com/news/jknew/2013/6/9/jknew-8-49-12-1703.shtml。

在公共风险协同治理的格局中，政府力量与保险力量之间的关系如何，是政府主导、推进转型期公共风险治理格局建设必须正视的一个关键问题。公共风险行政化治理，是由政府运行政府权力，回应、管理国家建设和社会发展中的公共风险。面对风险的人化、制度化和公共化，面对经济建设、政治建设、文化建设、社会建设和环境建设过程中公共风险的集聚，面对公众对公共风险治理的需求，政府作为公共风险管理的中枢，如何既克服行政不作为、消极行政的管理失职，抑制强势政府、全能政府的管理冲动，又能积极有为，高效满足公众对公共风险管理的现实需求、提升风险管理能力和民生保障能力？政府作为公共风险的管理者、组织者，其在公共风险治理格局中，与作为提供市场化治理服务的商业保险之间存在怎样的关系呢？

改革开放至今，我国政府对公共风险政府治理的认识和定位日渐清晰、日益准确、日渐科学。改革前农村经济、农业社会主导下的公共风险行政化治理模式已经不适应社会的发展要求，以"保险泛财政化""政府治理低水平运行"为特征的依赖型公共风险行政化治理模式面临着两个方面的冲击。（1）公共风险治理严重滞后和公共风险治理建设严重不足，公共风险政府治理的效能被严重削弱，其无从应对城市化、工业化主导的社会变迁过程中的风险治理需求。国家建设过程中，政府资源、社会资源被居主导地位的经济建设密集地吸纳，公共风险治理在一个相当长的时间内未能引起足够的重视，国家和社会对公共风险治理的认识严重不足，风险治理建设严重滞后。改革前农村经济、农业社会主导下的公共风险治理格局在城市化、工业化的社会变迁中已经是伤痕累累、千疮百孔、捉襟见肘、分崩离析；公共风险行政化治理模式在社会情势的倒逼下迫切地需要迅疾地改革、重构。（2）公共风险治理的核心——政府的权威和公信力有所降低。转型期公共风险大量产生，政府治理资源的投入不到位，政府治理供给的转移风险服务、分散风险服务明显不足。公共风险政府治理制度和治理能力未能获得与时俱进的完善和提升，公共风险政府治理过程中诸多问题的暴发使得社会公众和团体对国家权威的公正性和合理性产生了质疑。随着社会内部差距的扩大和社会分化，政府作为公共风险治理的担纲者与社会成员之间的"大家庭"式的信任关系、团结模式已经裂变。大量的短期行为和投机行为因此产生。[①]

公共风险政府治理传统模式的危机，不断地推动政府自我调整、自我变革、自我创新。政府逐渐从全能政府（或无限政府）向有限政府转型、从有限政府向服务型政府转型。服务型政府，是我国政府治理转型的新定位，而公共风险传统治理模式的改革和重构，则是服务型政府最为核心的内容之一。服务型政府，是一种以社会成员为本位，以满足广大社会成员日益增长的公共需求和公共利益诉求为己任，以服务公众和社会为核心职能的现代政府模式。[②] 重构政府治理公共风险的模式，完善政府治理公共风险的制度，提升政府治理公共风险的能力，创新政府供给社会保障、社会福利的新领域、新渠道，丰富政府供给社会保障、社会福利的新形式，是建设服务型政府的关键。重视管理民生问题和民生风险，为民生提供风险治理公共服务，为民生提供风险治理政府保障是服务型政府最为根本的要求、最为基础的内容。在公共风险政府治理定位上，有为、有效回应社会变迁中的公共风险，积极供给风险治理公共政策，广泛有效供给民生社会保障是服务型政府风险治理的理性定位和科学选择。

---

① 参见彭华民《西方社会福利理论前沿》，中国社会出版社，2009，第294页。
② 刘熙瑞：《服务型政府：经济全球化背景下中国政府改革的目标选择》，《中国行政管理》2002年7期。

在政府推进有为、有效回应公共风险的过程中，有一种倾向特别值得警惕，即公共风险政府治理过程中政府的管理冲动和福利冲动。政府供给社会福利和社会保障，是管理、统筹公共风险的一种有效手段，这一手段的运用，必须以政府资源为基础，任何超越政府资源所能支撑社会福利、社会保障最大限度的举措，都是政府的福利冲动和管理冲动。我国三十多年的改革开放，既积累了较为丰裕的政府资源，也沉淀了广泛的公共风险，特别是社会主义初级阶段中国社会低福利、低社会保障的历史负债，更是积蓄了对社会福利深沉的社会愿望；一些地方政府在治理公共风险时，出台的公共政策、颁行的法律法规、供给的社会保障，往往显示其难以抑制福利冲动。比如，随着中国老龄化速度加快，为了管理养老资金短缺风险，科学划分政府职责和个人责任、社会保险和商业保险边界成为当下社会最为关注的问题之一。据统计，我国养老保障三大支柱中，第一支柱——基本养老保险收入占比达到90%，缴费率为28%，远超10%的国际平均水平，替代率则普遍达到45%，但基本养老金缺口在不断加大。政府面对资金短缺的风险，就需要在该问题的管理政策、制度创新中，反思政府治理是否存在福利冲动和福利超前。作为应对，降低第一支柱的比重是今后几年发展的动向和趋势之一。作为第三支柱的商业养老保险，政府则需要在今后几年中进一步予以政策支持、制度支持、技术支持、人才支持，推动保险业创新参与，在协同公共风险治理中应逐渐加强商业保险服务能力、治理能力。在这一点上，中央政府已经清晰地认识到[1]：在养老问题上，既要强调政府所要承担的责任，又要警惕政府责任泛化，警惕社会和老年人对政府期待过高，防止出现福利冲动、福利依赖和福利过度化的问题。政府要承担一定的责任，但不能承担

---

① 吴玉韶：《养老责任不能全靠政府》，《新京报》2012 年 8 月 25 日。

全部责任。2012 年 6 月，六部委制定的《社会保障"十二五"规划纲要》要求大力发展补充商业养老、医疗保险。从国际比较上来看，政府承担的责任也存在下降趋势，例如，英国政府希望在未来几年中将基本养老金比重从目前的 60% 降低到 40%，① 德国也希望个人养老保险占养老金的比重从 10% 提高到 30%。抑制管理冲动和福利冲动，既是政府对公共风险科学治理的需要，也是公共风险整个治理格局的需要。在我国公共风险公共治理格局中，需要政府与市场力量（保险是公共风险治理最为重要的市场力量）、社会力量（如社会公益基金、社会捐助），各就其位，各司其能。

政府治理公共风险，相较于市场力量和社会力量，虽然有自身的优势，但也受制于公共政策、公共资源的构成、生长、增长。服务型政府的主要职责不是直接进入市场，推进经济发展，而是提供经济社会发展的保障条件。② 任何公共风险，能通过市场有效进行资源配置，分散风险、统筹风险的，都应让市场化治理模式来解决；政府治理需要的不是政府直接介入分散风险和统筹风险的具体活动，而是前瞻性出台或鼓励性或扶持性或保障性的政策，及时、充分供给法律规则、行为准则和公共政策，为公共风险的市场化治理和社会力量介入公共风险建构行为模式、提供行为准则，为分散风险、统筹风险的市场行为、社会行为供给行为规范和法律保障。回应公共风险，在事前，需要通过政府治理，让公共风险在公众可接受的程度上存在和运行，从而实现整个社会的社会福利改进；而事后，则需要通过商业保险、社会保障和基金等方式由公众一起来承担公共

① 《英国政府被迫改革养老金制度》，http：//www.taikang.com/tab1225/info117668.htm。
② 任剑涛：《政府改革的两次蜕变：从有限到有效》，http：//news.sina.com.cn/c/p1/2007-01-22/085712101927.shtml。

风险。①

公共风险市场化治理的制度安排中，商业保险无疑是最重要的一种。商业保险是以风险主体的保险需求为前提，强调风险主体的能动性、复数性、经济性，强调风险治理的商业性、专业性和技术性，强调风险保障的对价性、补偿性、长效性。在生产、交换、分配、消费等领域都存在风险，对于风险，实施商业化的治理，是更大程度上发挥市场在资源配置中的基础性作用的具体体现。作为公共风险市场化分险发展起来的产业，保险业以专业经营风险、管理风险、转移风险、分散风险，渗透到社会各行各业中，服务于社会各行各业，经营、管理着国家建设各个领域、各个环节的风险，与社会生产、人民生活的各个方面都息息相关，在公共风险管控方面有着独特的产品、技术、服务、人才、网络优势。在公共风险治理的格局中，保险业作为公共风险治理的商业化、市场化的产业，是公共风险治理格局中重要的一维；保险业在公共风险治理和社会保障中发挥重要作用，协同治理公共风险，是公共风险公共治理格局中不可或缺的有机构成。

具备理解、度量和管理风险的能力是现代社会与古代社会的主要区别之处。政府主导公共风险治理，其目的在于引导、促进、协调政府、个人和各类组织的协作，形成社会活力，回应国家、社会共同面对的公共问题，实现个人利益与公共利益的协调发展。对公共风险的及时、良性回应，已经成为公共风险治理的社会使命。其中，在政府与保险业的关系上，一种情形体现为政府在行政化治理公共风险过程中借力保险业。建构回应型的公共风险治理格局，意味着居于主导地位的政府需要选择恰当的公共风险治理工具。公共风险治理工具是政

---

① 参见傅蔚冈《合规行为的赔偿机制——基于风险社会的视角》，载《交大法学》第二卷，上海交通大学出版社，2011。

府为达到公共风险治理目的而采取的治理的方式和策略，而商业保险是政府公共风险治理的创新工具。另一种情况是政府保障、推进保险业发展，推动公共风险市场化治理。保险业是风险管理市场化产业，公共风险中可以市场化治理的，均可以通过相应的政策支持、财政支持推动保险业介入。

三 保险协同治理的机制

公共风险的政府治理，在风险管理模式上属于行政化管理模式，主要是由政府主导，投入公共资源管理、统筹公共风险，供给公共政策和公共服务。商业保险是借共同团体所聚合之资金来承担其成员所可能遭遇之危险及补偿其损失。[①] 保险业，作为风险管理市场化、专业化、技术化，依托保险大数法则发展起来的产业，对可保风险的管理是其产业发展的基础。公共风险作为发生、存续于公共空间中的风险，在风险的影响属性、大数属性、管理属性、经济属性、技术属性上与可保风险的属性有着诸多的同一性。宏观来看，诸多公共风险具有可保风险的属性。

（一）公共风险发生、存续于公共空间

公共风险来自公共空间。公共空间，既可能是一个紧密的物理空间，如一辆行驶中的公交车或者充斥各种污染物的一条河；也可能是一个宽泛的物理空间，如某一省域范围内、全国范围内或者全球范围因同质指向的复数行为、复数关系、复数问题而构成的公共空间，如拐卖儿童行为、海盗抢劫、全球碳排放等。无论是紧密的空间还是宽松的空间，公共空间都具有公共性和开放性，不同于私人空间的私人性和封闭性。对进入公共空间的不特定的公众，公共风险都将对其产

---

① 参见江朝国《保险法基础理论》，中国政法大学出版社，2002，第2页。

生负面的或者破坏性的影响。这个复杂的公共空间，它吸纳进入公共视野的一切，也排斥私人化的、隐私性的元素。

（二）公共风险具有纵深的社会破坏力

公共风险，是一种可能发生的具有社会破坏力的不确定性，具有不同范围的负面影响。一般而言，公共风险之所以成为公共风险，根本原因在于公共风险一旦发生，造成的破坏力就会完全超越社会主体个体化存在的管理能力所能解决和社会主体自身的资源所能支撑的限度，进而它进入公共领域，影响、辐射、破坏社会公共空间中不特定的社会主体。

（三）从公共风险生成的机制来看，公共风险不同于私人风险

私人风险是市场机制内在规律的产物，有收益的可能就有风险的可能，在市场机制中，风险和收益有着对称的关系。私人风险的分散、转移及化解和防范可以通过分散的市场机制来实现。① 但公共风险不同，其负面的或者破坏性的影响，是由多种因素综合促成的，既有来自环境的原因，也有来自制度的原因，还有可能来自人们的行为，由于人类行为的负外部性累积、流动而引发社会风险。② 公共风险无法通过纯粹的市场机制来分散、转移及化解和防范，而是需要通过政策机制、需要统筹配置机制才能解决。公共风险不同于政治风险和经济风险。公共风险是指具有社会破坏力的风险，强调风险对社会所有的不特定主体的负面影响，这些社会主体不论社会政治地位、经济地位、文化地位有如何差异，在公共风险面前，都是平层的，或多或少要受到公共风险带来的破坏力。而政治风险则指具有政治破坏力的风险，

① 参见刘尚希《论公共风险》，《财政研究》1999年第9期。
② 参见〔美〕斯蒂格利茨（Joseph E. Stiglitz）《经济学》第二卷（上册），梁小民等译，中国人民大学出版社，2000，第138页。

经济风险则是指具有经济破坏力的风险，政治风险和经济风险强调的是对非平层主体关系的负面影响，在政治风险和经济风险面前，非平层主体关系受到严重的影响，进而给政治上和经济上处于主导地位的主体带来严重的政治破坏力或者经济破坏力。

（四）公共风险具有可管理性

公共风险是一种可预测、可识别、可评估、可规制、可救济的不确定性。根据不确定性的属性来看，包括三种，"即随机不确定性、模糊不确定性和灰色不确定性"。① 前者是因果律的亏缺，如一因多果、多因多果等。而后两者则是由主体认知能力有限或信息不完备而对客观事物认识不足造成的。这种由认知能力不足造成的不确定性既有可能来自自然，也有可能来自社会。随着主体实践经验的总结、信息的累积和管理技术的发展，主体对公共空间脆弱性的认知能力、对风险因素不确定性的认知能力将不断提升，其降低不确定性的能力也将不断提升。降低不确定性是所有生命的基础，而不断分散、转移及化解和防范不确定性带来的社会破坏力是人类历史的发展主线。

公共风险的行政化治理和市场化治理的治理客体都是公共风险。虽然在风险管理的偏好上，风险的市场化治理偏好于市场化风险，风险的行政化治理偏好于社会化风险，但二者共同面对的是国家建设、国家发展中涌现的公共风险，降低社会的不确定性和分散公共风险是二者一致努力的方向。而且，正是由于二者在风险管理偏好上的差异化，公共风险才立体、全面、多层次、差异化地得到管控。值得注意的是，市场化治理和行政化治理之间治理客体的差异化是制度化的产物。市场化治理的客体是可保风险，需要具备风险的自然属性（如偶

---

① 张荣楠、李汉铃：《不确定性情境下决策主体认知适应性研究的范式探索》，《中国软科学》2003 年第 12 期。

发、意外、非控性）、风险的技术属性（复数、可识别、可测度）、风险的经济属性（有效率、可分散）等。风险的市场化治理是以商业性、对价性为核心诉求的，对于市场机制无法到达、无法发挥作用的风险领域，市场化治理无法为其供给风险管理，无法提供防线保障，这是市场化治理的空白地带。保险业越发达，市场化治理留白空间就越小；保险业越落后，市场化治理留白空间就越大。对于市场化治理无法进入的公共风险空白地带，要么是风险主体自担风险，要么是由风险的行政化治理介入，政府投入公共资源为风险主体提供公共政策和底线保障。风险的市场化治理与风险的行政化治理之间具有这样的关系：风险的市场化治理越发达，公共风险留白空间越小，政府需要提供底线保障的空间就越小，风险主体自担风险也越小；风险的市场化治理越落后，公共风险留白空间就越大，政府需要提供底线保障的空间就越大。其中，风险的行政化治理能力越强，政府提供的底线保障越多，风险主体自担风险就越小；风险的行政化治理能力越弱，政府提供的底线保障越少，风险主体自担风险就越大。

公共风险市场化治理留白的一个重要原因是这些被留白的公共风险在一定程度上具有不可保性，无法满足公共风险市场化治理的运行条件：如风险复数性不足、风险的独立性难以技术化、信息不对称问题突出、保险费率难以确定、精算资料不足、统计资料欠缺、逆选择风险突出、道德风险难以防控等。基于公共风险的自然属性、技术属性或经济属性不符合可保风险，市场化治理受到限制和排斥。不可保的公共风险及公共风险治理需求存在的客观性是政府行政化治理供给公共政策、底线保障、公共保障、社会保险、政策性保险等公共产品和公共服务的依据之一。政府提供公共政策、底线保障、公共保障、社会保险、政策性保险等公共产品和公共服务，在一定程度上补偿风险主体的经济损失，为风险主体提供一定的政府保障，减轻了风险主体自担风险的压力，有助于缓解社会矛盾。同时，政府还可以在供给公共政策方面创新，为市场化治理此类公共风险扫除技术障碍、经济障碍和制度障碍，创新推动此类公共风险治理的市场化、政策化。

公共风险的市场化治理留白，还存在另一个重要原因。由于公共风险市场化治理的成长需要一个累积的过程，从风险的管理流程来看，市场化治理模式具有很强的专业性、技术性，市场化治理对任何一种类型的公共风险介入管理，需要有足够的人才和技术，需要经历风险识别、风险预测、风险评估、产品设计等诸多环节，相对于公共风险的发端而言，风险的市场化治理需要经过一定的孕育期，市场力量对公共风险的治理具有一定的滞后性。相对于公共风险生成的潜在性、突发性而言，风险的市场化治理是一个制度化的产物，受到环境中诸如人力、物力、知识、技术、体制、流程等因素的影响，其供给的商业保险服务在整体上客观存在着不充分、不完全的缺陷。尤其是当下我国转型期的商业保险，在国内保险市场竞争并不充分[①]的情况下，市场化治理的创新往往缺乏足够的动力，市场化治理的经营者未必会主动、积极地去捕捉公共风险的市场机会，也未必会及时、有效地去满足公共风险的市场需求，保险服务的生产和供给比较保守地停留在一定的水平，而慢半拍的市场化治理将进一步拉大风险管理的留白空间。这一点，比较某一具体区域的保险密度和保险深度就能有所体现。比如，中国大陆的保险密度从 1980 年的 0.48 元/人提高到 2011 年的 1064 元/人，中国大陆的保险深度从 0.1% 提高到 3.8%。这一纵

---

① 市场结构直接影响市场的竞争程度，我国财产险市场、人身险市场仍然属于寡占型市场，具有垄断市场的特征。

向的发展表明我国保险业在公共风险市场化治理方面取得了巨大的进步，为国家建设各个领域的风险治理做出了突出贡献。但从横向比较来看，2011 年，中国大陆的保险密度为 163 美元/人，居世界第 73 位，全球平均保险密度达 661 美元/人，欧洲达到 1850 美元/人，美国为3759 美元/人。2011 年全球平均保险深度为 6.6%，同是东方文化地区，中国台湾保险深度全球排名第一，达到 18.4%，韩国为 11.2%，日本为 10.1%，而当年中国大陆的保险深度为 3.8%，居第 56 位。依据相关数据初步统计，2012 年底，中国大陆的保险密度为 185.2美元/人，保险深度为 2.98%，仍然远远落后于世界平均水平。近十年来，我国保险业发展迅速，但中国大陆的保险密度和保险深度仍远低于世界平均水平。不同地区保险密度和保险深度的差距，固然与人口、经济规模、收入水平、城市化水平、教育水平等多因素相关，但最为关键的还是与公共风险的市场化治理的上述留白原因有关。

客观上，由于制度的滞后性和创新性不足，市场化治理存在留白空间，这也是需要政府进行公共风险行政化治理的依据之一。此类情形下公共风险市场化治理的留白，为政府创新投入公共资源、创新供给公共政策，引导、鼓励、保障、推动保险业创新发展，提高保险业保险产品、服务、技术、人才、网络的供给能力和服务水平，提供了诸多行政治理和政策裁量的空间。

快速准确地治理公共风险、提升整个社会民生保障能力、实现个人利益与公共利益的协调发展是转型期公共风险治理的时代需求。而政府公共产品和公共服务供给的有限性和社会成员个人自担风险能力的脆弱性，使其无法胜任风险人化、风险制度化、风险公共化背景下治理风险的社会需求。相反，市场化治理公共风险，在一定区域内统筹公共风险，可以放大保险的保障功能和管理功能。从保险业回应的对象来看，保险具有回应公共风险的回应价值，公共风险可以成为可保风险；从治理格局来看，保险具有协同公共风险治理的协同价值；从管理手段来看，保险具有协同公共风险治理的管理价值。政府治理的目的在于通过政府、个人和各类组织的协作，解决国家、社会共同面对的公共问题，实现个人利益与公共利益的协调发展。为了达到政府治理的目的，政府需要选择恰当的治理工具，政府治理的工具是政府为达到治理目的而采取的治理的方式和策略。强制性工具是政府借助其强制力迫使群体以及个人采取或者不采取某种行为，包括政府制定的法律、政策，以及由政府直接提供的公共物品。自愿性工具是主要依靠市场和个人、非政府组织的自由选择，如依靠市场、家庭和社区来提供公共物品。混合性工具则允许政府一定程度上的介入，但最终的决策权则留给私人部门，主要体现在政府提供信息、政府提供补贴、政府利用税收进行调控、使用者付费等。①

在风险公共化趋势下，建构怎样的公共风险治理格局，最终需要依据公共风险治理的社会使命来确定。历史的经验表明，具有公共性、社会性的公共风险已经无法仅依靠政府力量、市场力量或者社会力量中的某一个来有效地加以解决。回应复杂性不断增强的现代社会的公共风险，需要建构一个全新的协同治理型公共风险治理格局。转型期的中国，需要一个不断创新、不断调整的新型公共风险治理格局，逐渐从政府垄断公共风险治理转型为政府主导公共风险治理。多年的实践探索表明，建构政府主导、社会多元协同、公众参与的公共风险治理格局已经成为社会治理改革的实践目标。② 而保险业作为依托保险

---

① 〔美〕迈克尔·豪利特、M. 拉米什：《公共政策研究：政策循环与政策子系统》，庞诗等译，生活·读书·新知三联书店，2006，第141~169页。

② 2011年2月19日省部级主要领导干部"社会管理及其创新"专题研讨班开班式在中央党校举行，胡锦涛发表重要讲话。《胡锦涛：扎扎实实提高社会管理科学化水平》，http://cpc.people.com.cn/GB/64093/64094/13958405.html。

大数法则发展起来的拥有丰富保险资源和完备保险技术的产业,是协同公共风险治理重要的社会力量,是建构回应型公共风险治理格局不可忽视的市场力量。

四 保险协同治理的功能

保险协同治理公共风险,在国家建设和社会生活的各个领域,通过转移公共风险、集聚风险补偿,促进社会资源的合理分配。保险作为社会的"稳定器"和"助推器",为国家建设、国家健康运行提供可靠的机制保障和实体支撑。

从公共风险协同治理的角度来看,保险业在国家经济建设、政治建设、文化建设、社会建设和环境建设领域的公共风险治理中都可有所作为。保险在化解经济风险、支持经济建设,管理制度风险、推进体制改革,应对社会稳定、回应社会问题,化解民生风险、提供民生保障,提高公共服务供给能力、提升公共服务资源配置效能和效率上能够发挥重要的作用。政府可以通过购买保险服务或者委托商业保险公司代为供给保险服务,通过保险创新推动公共服务供给模式的改革,推进公共服务决策、运行、监督进行有效的分离,不断提高公共资源的配置效能和效率。从这一意义上说,保险是推进公共风险治理、完善公共风险治理格局重要的创新工具。

保险在完善社会保障方面作用明显,是社会保障体系的重要构成。政策性保险和商业性保险对于构建完善的社会保障体系具有重要意义。经合组织(OECD)早在1987年的一份研究报告中就曾指出:寿险保单的销售无疑减轻了许多国家的社会福利制度的压力。同年,瑞士再保险公司的一份研究报告也指出,10个经合组织国家的社会保障开支和寿险保费之间存在反比关系,即保险业有效地分担了部分社会保障财务的压力。在我国，社会保障制度不完善已经成为当前扩大内需、启动消费的主要制约因素，解决不好势必影响我国经济长远发展和社会稳定。随着我国老龄人口的不断增加，国内企业在我国加入WTO之后面临的竞争加剧，社会保障资金不足的矛盾将越来越突出。据有关专家测算，我国养老、医疗、失业三方面社会保障资金的支付缺口每年大约为673亿元。同时据社会保障部门估计，转制成本大约为20000亿元。如此大的债务规模再加上每年的社会保障资金缺口，短期内完全要政府解决确实不现实也不可能，但社会保障不能产生断层。另外，我国地区间发展很不平衡，生活保障需求呈现多样化、多层次的特点，老年护理、企业年金、健康、医疗、教育费用等与社会生活联系紧密的商业保险需求具有极大的潜力，这为我国政策性保险、商业保险充分发挥公共风险治理功能、减轻政府压力、促进国企改革提供了广阔的舞台。保险产品涉及社会生产、生活的方方面面，涵盖车辆保险、财产保险、责任保险、信用保险、保证保险、意外伤害保险、人身保险、健康保险等险种，商业保险能够为社会提供多样化、广覆盖的保险保障服务，有效分担政府在社会保障方面的压力，提高社会保障的水平。同时，保险可以为城镇职工、个体工商户、农民等没有参与社会基本保险的劳动者提供保险保障，补充社会保障体系，减轻政府负担，有利于扩大社会保障的覆盖面。

在公共风险方面，风险大量存在而且全球化蔓延，防范、控制风险和减少风险损失是保险参与公共风险治理的重要任务。保险产业从产品开发、费率厘定、风险评估，到防灾防损、事故救援、理赔服务等各个环节，都与灾害事故密切相关，因此在识别、分析和评估风险上具备专业化，而且积累了大量风险事故处理经验，以及风险事故造成损失的数据，为公共风险治理提供了有力的数据支持。保险通过风险转移技术和资金共筹积聚管理家庭、组织、公众未来不确定的风险，有利于形成安全、安定的心理预期，为经济发展、社会有序、生活平稳运转创造条件。同时，保险在防灾防损方面发挥着积极的作用，保险公司与消防、公安等部门联合做好防灾防损工作，通过采取差异化的条款、费率，调动被保险人加强防灾防损工作的主动性，有效降低风险发生的概率，对公共风险进行了有效的控制和管理。随着现代保险技术的不断发展与政府政策的大力鼓励和支持，原来许多不可保的风险逐渐变成可保风险，保险服务的广度和深度不断得到拓宽，保险"社会安睡"的公共风险治理功能将越来越凸显出来。

保险通过分险管理和经济补偿来应对灾害损失，实现对社会关系的协调。在风险事故发生后，保险公司依据保险合同约定的保险保障范围，对被保险人的损失进行合理的补偿。通过保险的经济补偿，可以提高事故的处理效率，化解社会矛盾，减少各种社会纠纷。同时，保险公司全流程参与灾害处理，作为社会关系管理的有效手段和工具，保险使社会主体的行为模式、行为方式得到改变，减少了社会摩擦，缓解了社会矛盾，起到了"社会润滑剂"的作用，促进了社会运行效率的提升，推动了政府、法人、自然人建立和谐、有序的社会生产关系。如，责任保险有利于当事人履行相应的民事赔偿责任，解决纠纷，协调民事关系。发达国家有完备的责任保险体系，如产品责任保险、雇主责任保险、执业责任保险及公众责任险、机动车辆第三者责任险等，被保险人一旦出现责任事故，可以很快通过保险公司解决，不必纠缠于旷日持久的官司，减少了社会的摩擦和冲突，整个社会运转效率提高。近年来，我国医疗事故纠纷频繁发生，巨额诉讼案例数量呈上升趋势，国内各家保险公司陆续推出了医疗责任保险，在取得经济效益的同时也产生了良好的社会效益，受到医患各方和社会的普遍欢迎，尽管还有许多地方有待完善，但这充分说明了保险参与此类公共风险治理大有作为。

一个国家有无完备的公共事务应急体系，是衡量一个国家综合发展水平高低的重要标准。美国风险管理和保险专家 C. 小阿瑟·威廉斯博士指出，灾害降临到富国和贫困国家的概率是相同的，比如，日本的地震、孟加拉国的洪水，但一个国家如果能够控制和减轻这些灾难，该国家便可以更好地把资源运用到经济和社会发展中。现代社会里，各种巨灾风险和突发事件如影随形，对国家的发展、建设和社会稳定造成了一定的困难，如 1998 年我国长三角发生的洪灾、2008 年发生的汶川地震等。而且，随着科技进步和世界政治力量的演变，巨灾风险不可测的程度加深，一旦发生，危害程度更加严重，造成的经济损失和社会影响将远甚于从前，如 1986 年苏联切尔诺贝利核泄漏、2001 年"9·11"恐怖事件、2008 年四川汶川大地震等，都造成了巨大的经济损失和深远的社会影响，因此必须考虑建立必要的公共事务应急体系加以应对。现代商业保险通过设立新型险种、创造巨灾债券等保险衍生产品、综合运用再保险等方式化解巨灾风险，在一个国家的应急体系构建中具有重要的地位。以我国为例，"非典"疫情暴发后，各家寿险公司纷纷推出自己的"非典"保险，为社会提供了风险规避机制，缓解了人们的焦虑心情，对稳定社会发挥了积极作用。[1]

保险资金的自身特点和投资的方向会对社会产生影响，间接实践了公共风险治理功能。保险公司是金融市场中重要的机构投资者，其基金来源具有稳定、可持续性等特点。稳定、持续的投资行为是对可持续发展的重要支持。保险资金的投资促进了社会生产和公共福利事业的发展。将巨额的保险资金投资于城市基础设施建设可以有效地提

---

[1] 参见魏华林、李金辉《论充分发挥保险的社会管理功能》，《保险研究》2003 年第 11 期。

供高质量的基础设施，提高其利用效率，节约稀缺的公共部门资源，吸引私人资金用于基础设施投资。保险业务的特性使得保险公司能够获得大笔长期稳定的投资基金，成为资本市场上一个重要的机构投资者。出于对资金安全性的首要考虑，保险资金多数会被投向收益稳定的项目，投资多于投机，这有助于熨平经济波动、减缓经济周期所产生的振荡。

第三章
保险协同治理的创新推动

危险是无法回避的，人类必须寻找相应的危险处理方式。

——埃米特·J. 沃恩、特丽莎·M. 沃恩

《危险原理与保险》

国家建设的外部环境发生了深刻变迁，诸多社会公共问题集中体现为公共风险发生的三大变迁：风险的人化、风险的制度化和风险的公共化。回应公共风险已经成为政府治理的工作重点。保险作为风险管理市场化、专业化、技术化发展起来的产业，其管理的可保风险是具有大数性、外部性、偶发性、补偿性的经济风险。社会之所以需要保险，是因为保险业能够系统地提供其他行业无法提供的服务，那就是经济保障和风险管理。[①] 从回应性来看，保险拥有专业、丰富的经济风险管理技术和经验，保险可作为诸多公共风险治理的创新工具，

---

① 孙祁祥、郑伟等：《保险制度与市场经济——历史、理论与实证考察》，经济科学出版社，2009，第3页。

是政府回应公共风险大力倚重的力量。当前，随着公共风险的时代变迁，我国的公共风险治理面临着诸多挑战，需要政府积极回应公共风险，推动保险协同治理公共风险。

保险具有协同公共风险治理的机制、资源和能力，公共风险治理责任的主要承担者——政府也存在这样的诉求。在为公共组织配备人员之前，有必要做出这样一个决断："生产"还是"购买"公共服务产品。组织应该运用自己的能力去生产，还是从买主那里获得（购买）产品或服务。对美国而言，在地方政府层面，出于对资助的渴望生成"制造"的决定；在联邦政府层面，出于限制当局全职政府雇员增长的渴望会倾向于鼓励做出"购买"的决定。① 公共风险协同治理、复合治理、多元治理是公共风险治理转型调整的发展趋势。保险具有分险优势，是协同公共风险治理重要的市场力量。发展、保障、推动保险协同公共风险治理，是当代政府改革、完善公共风险治理的较优选项。

当前，推动保险创新参与公共风险治理，是我国改革全面推进阶段公共风险治理多元化发展的实际需要。一部分危险——通常包括基本危险——是通过社会和政府的力量加以解决的。警察局和消防队就是这种共同融资处理危险方式的例证。然而，尽管社会和政府能在很多方面帮助减轻危险的负担，但有部分危险是只能由个人来承担的。② 政府永远不能为百分之百人口的百分之百的风险和人生沉浮提供保险。③ 政府作为公共风险的终极管理者，主要承担的是公共风险的主导责任和兜底责任。甚至有经济学家（保罗·萨缪尔森）主张"从根

---

① 〔美〕史蒂文·科恩、威廉·艾米克：《新有效公共管理者》，王巧玲、潘娜等译，中国人民大学出版社，2002，第45页。

② 〔美〕埃米特·J. 沃恩、特丽莎·M. 沃恩：《危险原理与保险》，张洪涛等译，中国人民大学出版社，2002，第8页。

③ 参见〔美〕戴维·莫斯《别无他法——作为终极风险管理者的政府》，何平译，人民出版社，2014，第218页。

本上讲，我们可以把政府看成是一个共同再保险部门"。① 全面深化改革阶段，政府需要恰适地调整公共风险治理的供给责任。公共风险治理的组织和运营是成本高昂的，政府在这一方面所需要的财政支出是巨额的。一个基本的事实是，现代政府是财政有限、权力有限的服务政府，现代政府没有足够的制度资源、财政资源、权力资源、人力资源为社会提供覆盖全部的全面的风险治理保障。改革开放的关键期，创新运用政策工具和金融工具，发挥保险协同参与公共风险治理的机制功能，引导公共风险治理的市场化供给、多元供给，是政府公共风险治理政策改革创新的一个方向。

保险协同公共风险治理，符合公共风险治理的演进逻辑、制度逻辑和机制逻辑。从保险自身分险的社会功能来看，保险具有协同公共风险治理的优势资源和社会责任。保险的发展，不仅需要通过市场经营来追求合理的经济效益，也需要追求社会效益，履行相应的社会责任，充分发挥公共风险协同治理的功能，从而促进社会整体进步。

保险协同公共风险治理，具备成为公共风险治理政策的基础。因而，保险协同公共风险治理，是公共风险治理演进发展的一个方向，也可以将其作为公共风险治理领域中一个科学的公共政策予以推行。

推动保险协同公共风险治理，必须具有充足的资源支撑和合理的配置机制。随着城市化和工业化的发展，当前，个体和家庭已经无法实践回应公共风险的关键功能。而保险，基于其对商业利益的路径依赖，其协同参与公共风险治理的内部动力明显不足。"理想的情况是，功能完好的市场会将风险转移到最能控制它们的那些参与方。

---

① 参见〔美〕戴维·莫斯《别无他法——作为终极风险管理者的政府》，何平译，人民出版社，2014，第 20 页。

但是在大量的其他的场合，服务于风险分配的功能完好的市场根本就不存在。"① 私域风险外溢到公共空间，在社会连带性不断强化的现代社会，风险因素加速流动，个人、家庭管理风险的局限，在面对经济萧条、创纪录的失业、家庭积蓄的损失、大范围生活必需品匮乏等公共风险时极其明显。当社会发展逐渐被社会保障取代，成为政府优先需要解决的问题时，顺理成章，政府成为治理公共风险的首要负责人。

保险协同治理公共风险这一治理政策能否推行、实践，主要取决于两个方面的合力。

一个力量是政府（包括保险监管）的创新推动之力。作为首要责任人的政府，具有实施保险协同公共风险治理这一公共政策的动力。推动保险协同公共风险治理，政府需要承担建构、主导作用，在政策供给上发展、保障、推动保险协同参与公共风险治理，具体体现为：创新协同理念、健全协同制度、完善协同机制、推动协同举措；以政府建构来引领、推动、规范、保障保险创新协同公共风险治理。政府、监管部门要发挥组织优势，做好政策引导，整合社会资源优势；不断建立和完善社会监督机制，提高行业透明度，创造公开、公平、公正的市场运作环境。②

另一个力量是保险的创新推动之力。首先，保险创新推动需要廓清功能，转换认识。协同公共风险治理，首先需要保险自身准确把握协同公共风险治理与保险发展之间的关系。风险管理是保险的立业之本，协同公共风险治理是保险之本的实践体现。保险积极参与公共风险协同治理，将拓宽服务范围，扩大社会影响，树立保险良好的社会形象，将进一步增强保险的核心竞争力。协同公共风险治理不是保险

---

① 参见〔美〕戴维·莫斯《别无他法——作为终极风险管理者的政府》，何平译，第10页。
② 欧永生：《以创新的思路推动保险业协同社会治理》，《中国保险报》2012年5月22日，第7版。

发展的负担，而是保险发展的助力；不是对保险商业化发展的背离，而是对保险商业化发展的理性回归。保险协同公共风险治理，具有重大的发展意义。其次，保险创新推动需要创新协同思路。管理风险的能力是保险的核心竞争力，协同公共风险治理是保险核心竞争力的创新发展之需。协同公共风险治理，保险应围绕提升核心竞争力，创新协同路径。（1）把握传统自然风险、私人风险日益社会化、制度化、公共化的总趋势，把握自然风险、市场风险、制度风险、技术风险、管理风险、道德风险、邻避风险、养老风险等盘根错节的复杂性和特殊性，统筹资源，集中精力提升保险风险识别能力，协同政府做好风险识别的工作。（2）主动调整发展方向，大力发展保障型、补偿型、责任型保险，扭转近几年保险规模的扩展过于倚重理财型产品和车险、保险对社会的保障深度和密度还不够的局面，强化风险管理能力，积极协同公共风险治理。（3）广泛深入推进公共风险协同治理，推进三个转换的实现：风险管理的客体上从事后风险分担推动到事前风险管理，类型上从自然风险拓展到包括市场风险、制度风险、技术风险、管理风险、道德风险、邻避风险在内的综合风险，发展的险种上从理财险、车险"两险独大"转型为商业性保险和政策性保险并驾齐驱。

推动保险协同治理公共风险，需要充分发挥政府推动的"有形之手"与市场规律的"无形之手"的作用，将政府、保险的力量有机组织起来。

一 政府创新推动协同治理

21世纪初，现代保险具有公共风险治理功能在理论上获得了创新阐发。[①] 随着社会的发展，保险不仅具有经济补偿功能和资金融通功

[①] 魏华林：《论人类对保险功能的认识及其变迁》，《保险研究》2004年第2期；张金林：《现代保险功能：一般理论与中国特色》，《中南财经政法大学学报》2004年第6期。

能，还具有公共风险治理功能。这一观点不仅在理论界有所支持，而且也为中国的保险监管决策部门肯定。① 这为保险全方位、多层次、宽领域协同参与公共风险治理，挖掘保险发展潜力，拓宽发展空间提供了理论依据和政策指导。

2006 年《国务院关于保险业改革发展的若干意见》指出，"保险具有经济补偿、资金融通和社会风险管理功能，是市场经济条件下风险管理的基本手段，是金融体系和社会保障体系的重要组成部分，在社会主义和谐社会建设中具有重要作用"。这不仅是对保险三大功能的理论肯定，更奠定了保险发挥公共风险治理功能的政策基础。2010 年 9 月，保监会进一步强调，"全行业必须进一步充分认识加强社会建设、创新公共风险治理是维护社会和谐稳定的源头性、根本性、基础性工作。应当下更大的决心，采取更加有效的措施，在做好保险行业自身和谐稳定工作的同时，充分发挥保险业在加强社会建设、创新社会管理中的职能作用"。在上述政策的引导和推动下，保险积极协同参与公共风险治理，成为国家灾害救助体系和公共风险治理机制的重要组成部分。自 2006 年《国务院关于保险业改革发展的若干意见》颁布以来，保险积极发挥经济补偿功能，在恢复生产生活、促进经济社会和谐稳定方面起到了积极的作用。

当然，在从传统的"保险泛财政化"到政府创新推动保险协同治理的发展过程中，部分政府部门一方面对公共风险治理的认识存在误区，没有认识到社会发展多元化、公共风险治理多元化的趋势，简单地认为公共风险治理都应由政府来管，习惯于大包大揽；另一方面，在公共风险治理的过程中，对保险机制的作用认识不深、不透，习惯

---

① 吴定富：《对保险功能要有再认识》，《金融时报》2003 年 8 月 5 日；《保监会主席吴定富：发挥保险社会管理功能》，《国际金融报》2003 年 12 月 15 日；中国保监会武汉保监办课题组：《对保险功能的再认识》，《保险研究》2003 年第 11 期。

用传统的方法进行公共风险治理，不善于运用保险这种有效的金融工具进行公共风险治理。因而，在推动保险协同公共风险治理的诸多环节存在不少问题。从政策环境来看，在协同治理公共风险的诸多领域，缺乏相应的引导政策。例如，在当前工程建设过程中，环境风险、邻避风险问题较为突出，政府治理、民间治理难度逐渐加大，保险机制能够在其中发挥作用，但没有相关政策支持。另外，自然灾害、公共灾害频发，但政府主导的巨灾保险制度尚未建立，保险公司发展此类业务的积极性不高，发挥的作用很有限。在已经推动的保险协同公共风险治理的领域，相应的税收优惠、财政补贴政策不够完善，落实不理想。一些协同参与公共风险治理的保险业务具有公共产品性质，应该享受税收优惠或者财政补贴，但相关政策支持度不高、落实不及时，保险公司协同参与的主动性不强，协同参与的积极性不高，协同参与的效果不够理想。

推动保险协同公共风险治理，需要政府勇于创新，创新协同治理理念、健全协同制度、强化协同动力、创新协同举措，以政府建构来引领、推动、规范、保障保险协同公共风险治理。

（一）创新协同治理理念，型构良性协同治理格局

1. 政府创新协同治理理念

（1）回应理念。保险协同治理，是基于保险的专业性、技术性优势和分险管理的功能。积极推动保险协同公共风险治理，其根本的动因在于政府自身对公共风险回应存在着主导责任和兜底责任。及时、高效回应公共风险，是政府积极创新、推动保险协同治理公共风险的推手。（2）主导理念。保险协同公共风险治理，需要驱动和引导。而承担驱动和引导重任的，则是借力保险的政府。推动保险协同治理公共风险，政府应该树立主导理念。（3）市场理念。保险属于公共风险

的市场化治理机制，与公共风险行政化治理具有协同政府识别风险、管理风险的共同指向；同时又具有特殊的商业性、市场性、趋利性的运行机制。推动保险协同治理公共风险，政府在强调保险社会责任的同时，需要在一定程度上和范围内遵循商业保险风险管理商业化运行的内在机制和规律。

2. 型构政府与保险之间的协同关系

政府在政策、制度、举措建构中，理念上需要正确认识回应性与创新工具之间的关系，平衡政府主导和保险协同之间的关系，为保险发挥公共风险治理功能创造良好的市场环境。当前主要是做好以下几点。一是建章立制，加快保险法律法规的建设，坚持依法监管、依法行政。二是正确处理"有为"与"无为"的关系，凡是市场能解决的问题，坚决还权于市场，合理界定监管者和市场的效力边界，充分发挥市场主体的主观能动性和创造性；保险监管部门应加强和政府有关部门的协调沟通，在系统内要合理划清总部机关和地方保监办之间的权限，充分发挥社会力量和保险行业协会的作用，提高综合治理、联合监管的水平。三是加强基础研究，结合国家宏观经济发展趋势，重点研究保险的产业政策，制定保险发挥公共风险治理功能的长远发展规划。四是理顺保险市场关系。在现阶段偿付能力监管尚不能形成明显效力之前，应加强保险业务合规性检查，严厉查处保险市场的各种违法违规现象，正本清源，创造公平竞争的市场环境。[①] 具体而言，需要型构政府与保险的四大关系：（1）公共治理格局中政府与保险的独立关系，（2）公共治理格局中政府与保险的主次关系，（3）宏观公共风险治理关系中政府与保险的发展关系，（4）微观公共风险治理关系中政府与保险的责任关系。

① 魏华林、李金辉：《论充分发挥保险的社会治理功能》，《保险研究》2003 年第 11 期。

（二）健全协同制度

保险协同治理是一个综合、复杂、长效的治理工程。政府应转变政府职能、创新推动组织、引入市场机制、扩大准入领域、供给政策支撑、做好沟通协调，充分发挥保险资源优势，推动保险协同做好公共风险治理，更好发挥保险风险管理的功能。实践中，政府推动保险协同公共风险治理，需要解决推动的目标、推动的组织、推动的规则、推动的程序等问题。简而言之，政府的主导目标是健全协同制度，规范协同关系，推动保险协同治理的模式从协议型为主转向政策型、法规型为主。

（1）在推动的组织上，需要成立一个协调组织，引领协同治理，这是健全协同制度的起点和基础。协调组织引领协同治理，应不局限于一时一事上微观的协同治理，而应着眼于突破条块管理的局限。要建构特定区域内、具有制度性质的协同组织，建立起政府引导，相关管理部门、保险监管部门、保险多元参与的协同治理的创新平台和协调平台。

（2）在推动的规则上，需要进一步规范化、法治化。公共风险治理是有序管理。保险协同公共风险治理不仅需要创新推动，也需要规范推动。保险协同公共风险治理的合法性，主要体现在两个方面。一是获得授权，保险或依据法律，或依据政策，或依据协议，合法获得公共风险治理参与权。保险获得公共风险治理参与权，有两个基本的模式：一种模式是依据法律等规范性文件、政策性文件获得，另一种模式是依据保险与政府之间缔结的协议获得。依据协议获得参与权，运作灵活，是公共风险治理创新、先行先试的有效模式，但在这一模式的运行中，政府与保险之间的行政关系、行政责任比较模糊，容易形成"蜂群效应"，大大影响保险协同公共风险治理的社会效应。协议型协同治理这一模式在实践中存在诸多的风险，迫切需要强化政府建构，完善协同规则，规范保险协同治理权，规范协议型协同治理权的取得和行使。在推动保险协同公共风险治理的进程中，政府应思考如何加强对依协议取得协同治理权的规范，探索建立特定范围内统一的政府采购保险制度、统一的保险协同治理服务外包制度，规范协同治理权，逐步将协同治理制度化、规范化。二是保险协同公共风险治理的行为合法，包括程序合法和内容合法。目前，我国各地涌现诸多保险协同公共风险治理创新，整体上处于参与权拓展阶段，对参与行为是否合法的问题，尚缺乏有效的规范，目前主要依赖保险内的自我管理、自我约束。多数参与行为处于自我约束模式下，其合法性、公正性、廉洁性易于被道德风险腐蚀，进而有可能损害政府公信。保险协同公共风险治理作为政府主导下公共风险协同治理框架性的、基础性的、发展性的一项工作，是一项关系公共风险治理的社会渗透力、社会服务力、社会保障力、社会救济力的基础工程。在这一意义层面上，有必要强化保险协同公共风险治理的规范化建设，制定保险协同公共风险治理的政策性指南或者指引，规范保险的参与权和参与行为，推动保险协同公共风险治理从契约型参与转型为政策型参与、法治型参与。具体而言，各地政府可具体结合地方实际，对涉及民生、公共秩序、社会保障等的领域实施保险协同公共风险治理，加快推动诸如"三农"保险，与公众利益密切相关的公众责任、产品责任、雇主责任、职业责任和第三方责任的责任保险，补充养老保险和大病补充医疗保险等方面的地方性法规的制定，建立地方性的邻避风险保险、特定自然灾害保险、特定巨灾保险，充分利用保险的分散转移和补偿救助机制，规范推动保险协同公共风险治理。

（三）强化协同动力

保险协同治理不存在自发机制，需要政府从外部来驱动。目前，保险协同治理公共风险的实践中出现诸多乱象，存在参与协同治理的协同主体不均衡、协同领域不宽泛，这都与协同动力供给不足相关。协同动力不足，原因是多方面的。（1）保险参与协同治理不经济。多年来，保险高速发展的主要贡献来自理财险和车险，具有公共风险治理功能的保险产品和保险服务对保险发展的贡献小。（2）保险参与协同治理创新难。保险资金、保险产品、保险服务是协同治理的实践载体。无论是哪一个实践载体创新，都存在不少管理体制上的障碍和运行机制上的阻碍。（3）保险参与协同治理制度不健全。协同关系不规范、不稳定、非长效，补贴、优惠政策不到位，影响保险协同积极性。

改善这一局面，需要政府（特别是保险监管部门）推动保险以风险管理能力为发展主线，加强风险识别能力、风险管理能力建设。（1）推动保险集中精力、统筹资源，提升保险风险识别的技术和能力，协同政府做好风险识别的工作。（2）推动保险加强风险管理能力建设，实现风险管理的三个转换：风险管理的客体上从事后风险分担推动到事前风险管理；管理风险的类型上从自然风险拓展到包括市场风险、制度风险、技术风险、管理风险、道德风险、邻避风险在内的综合风险；管理的险种上从理财险、车险"两险独大"转型为商业性保险和政策性保险并驾齐驱。

改善这一局面，也需要政府强化协同动力。（1）综合运用政府补贴、免税、减税、独占授权等政策，供给协同治理的物质动力支持保险发展，如对购买长期养老保险的所得税优惠政策、对健康险免征营业税政策、对强制性和政策性保险的减免税政策等。（2）强化保险协同治理的社会责任，树立协同治理的典型，提升保险的社会形象，供给协同治理的精神动力。（3）健全协同制度，完善协同治理的长效机制，供给协同治理的制度动力。

（四）创新协同举措

基于公共风险的人化、制度化和公共化，保险协同公共风险治理的领域非常广阔、开放。在政府公共部门整体风险管理、区域改革创新风险管理、部门改革创新风险管理（如医疗改革、养老改革）、公共安全、民生工程、社会救济和社会保障等诸多领域，凡是符合"大数法则"的公共风险，都是保险协同治理可能的领域。保险为了避免道德风险和逆向选择行为，对于可保的公共风险，尽可能精确划分风险单位、进行费率分区、细分费率档次等，这会大幅度增加商业性保险公司的经营成本，而政府提供政策性补贴和税收优惠将有助于解决这些问题。对于未被保险纳入经营、市场化的公共风险，政府一般应承担兜底责任。由于公共风险治理的公共性、资源性、成本性和效能性等，政府也无法将其纳入自身治理范围的公共风险，最终将成为在社会中流动的剩余风险。对于这些剩余风险，政府仍然承担着回应、治理的责任。在推动保险业协同公共风险治理方面，政府在哪些领域具体如何推动保险协同治理，应由处于公共风险情势中具体的政府管理部门依据风险回应的重要性来裁量判断。就国家层面而言，鼓励地方政府积极创新，推动各级政府在具体的保险资金、保险产品、保险服务方面与保险协同治理的实践对接，创新协同举措，有助于发挥保险协同公共风险治理的作用，提升政府回应、治理公共风险的能力，有助于推动我国小康社会、平安社会的建设。

作为社会的"稳定器"和"减震器"，保险具有协同政府识别、管理公共风险的功能。政府主动推动健全协同制度、完善协同机制、强化协同动力、创新协同举措，是发挥保险协同公共风险治理功能的框架性的、制度性的基础保障，有助于调动保险协同公共风险治理的积极性，增强政府对公共风险的回应性，为国家建设提供公共风险治理保障。

二　保险创新推动协同治理

公共风险治理和可保风险的商业化管理在管理主体、管理客体、管理内容、管理效应、管理机制、管理规律、管理技术、管理方法上存在着一定程度的同一性、兼容性、接驳性和合作性，又存在诸多的差异。同一性、兼容性、接驳性和合作性决定了保险协同治理公共风险在理论上是可能的，在实践上是可行的。而二者诸多方面存在的差异性，决定了保险协同公共风险治理存在一定的广度、深度和效用等方面的制约。保险践行社会责任，协同公共风险治理，既要积极有为，尽力而为，也要量力而为。保险科学协同公共风险治理，一要正视保险协同公共风险治理存在的体制制约、机制制约、技术制约和资源制约，立足于保险现有的以及可能的权限、能力、资源和技术，不能不顾保险的实际情况和发展趋势，盲目承诺，给党和政府拍胸脯，给社会开"空头支票"。二要遵循保险内在的大数法则和精算规则。积极践行保险的社会责任，不能忽视保险的内在规律，要考虑协同公共风险治理能否制度化，能否有技术支撑，能否有效解决商业化管理中可能存在的道德风险。三是要考虑协同公共风险治理的社会效果，协同公共风险治理能否切实为党和政府公共风险治理出谋划策，能否有效回应社会风险，为社会、为人民群众提供保险保障和风险救济，能否发挥保险的保障功能和放大效应。

保险协同公共风险治理的推行、实践的具体化，离不开保险的创新推进。保险是政府治理公共风险的创新工具。协同政府识别风险、回应风险、管理风险是保险协同公共风险治理最为核心的内容。围绕这一核心工作，理念上，保险需要廓清功能、转换认识、创新协同路径；实践中，需要加强创新协同机制、拓展协同模式、开拓协同领域、创新协同载体，推动保险资金、保险产品、保险服务积极参与公共风险治理。

（一）创新协同理念

在国家、政府公共风险治理理念创新转轨的转变阶段，保险理念创新是保险目前最应优先解决的问题。保险理念创新包含保险环境理念、保险功能理念和保险经营理念的新认识、新转换。

1. 保险环境理念的新认识

目前，保险环境发生翻天覆地的变化，随着社会财富的累积，人们拥有的财富日渐增多，在社会变迁的大趋势下，传统自然风险、私人风险日益社会化、公共化；体制改革、产业转型、企业融资、海外投资、科技创新、教育产业化、社会养老、医患治理、环境治理等领域的自然风险、市场风险、制度风险、技术风险、治理风险、道德风险、邻避风险、养老风险等盘根错节，识别、把握转型期保险环境中风险生成特征和风险流变趋势、风险治理的社会需求与保险供给关系、保险需求与保险供给关系成为保险创新首先需要解决的问题。

2. 保险功能理念的新转换

政府公共产品和公共服务供给的有限性和社会成员个人自担风险能力的脆弱性，使其无法满足风险公共化背景下治理风险的社会需求。而商业化治理公共风险，在一定区域内统筹公共风险，可以放大保险的保障功能和治理功能。保险推进政策性保险服务，更紧密地参与了公共风险治理，从而在为社会提供经济保障和风险治理服务的过程中进一步发挥社会保障和公共风险治理等衍生功能。因而，保险创新，还需要在保险功能理念上有一个新转换，认识并重视保险的公共风险治理功能。具体而言，保险是社会的"稳定器"和"减震器"，保险通过提供保险服务，分散经济损失、化解社会矛盾、治理公共风险。

在分散经济损失方面，保险提供企业财产险、家庭财产险、农业险、车身险、船舶险、货物运输险、意外险、保证险、信用险等诸多财产类保险产品，可以为人们有形的和无形的财产将来可能遭受的各类风险提供经济补偿。保险通过风险分散机制提供经济补偿，在一定程度上消除人们的后顾之忧，稳定人们的风险预期，从源头上防范、化解各种社会不稳定、不安定因素。

当前，我国正处于转型发展期，人们的利益诉求日益多元化，各类社会矛盾交织、凸显，社会矛盾的化解和治理任务异常艰巨。各种社会矛盾的根源是经济纠纷，有效化解和避免经济纠纷成为解决社会矛盾的核心。保险提供品种丰富的保险产品，如雇主责任险、校园食品安全责任险、机动车辆第三人责任险、医疗事故责任保险、从业医生责任险、从业律师责任险、会计师责任险、美容师责任险、保险经纪人责任险、保险代理人责任险、旅行责任险、环保责任险等。这些保险产品具有补偿经济损失、解决社会纠纷、化解社会矛盾的功能，通过这一类的保险服务，保险参与到公共风险治理中，可以有效化解和防范社会矛盾。

作为公共风险治理市场化、专业化、技术化发展起来的产业，保险发展的基础是风险治理，管控风险是保险最为基本的产业功能。保险对自然风险、市场风险、制度风险、技术风险、治理风险、道德风险、邻避风险在治理经验、治理技术、治理制度上具有独特的产业优势，在协同公共风险治理方面将发挥重要的作用。如保险提供完善的农业险、房贷险、存款险、大灾险、政府责任险、养老险、环境险等，对于那些影响一定区域社会结构和正常秩序的特别重大的风险事件，保险服务能通过科学预测、数据分析、严格管控、风险评估、风险防范、应急处置，通过风险事故发生前的科学精算，发挥保险统筹风险的保障作用，以及风险事故发生后保险的经济补偿作用，从而防范公共风险发生或者避免公共风险发生后可能造成的灾难性后果。除了供给保险产品治理公共风险外，保险还能以产业在风险治理方面的优势资源为政府治理提供风险治理服务。保险为政府整体风险治理、区域改革创新风险治理（如浙江海洋经济发展示范区、舟山群岛新区，义乌市国际贸易综合改革试点和温州市金融综合改革实验区）、部门改革创新风险治理（如医疗保障体系风险治理、养老保障体系风险治理、大社保体系风险治理）提供风险治理服务，提供各类实践指南，帮助政府治理部门在决策过程中，识别和评估与政策、计划、项目及其操作相关联的重要风险，适度有序地治理这些重要的风险，从而有效地帮助政府治理部门治理好内部和外部存在的风险。

3. 保险经营理念的创新

保险是风险治理技术化、专业化、市场化、产业化发展的结果。与银行业、证券业相比较而言，保险的优势在于风险治理。改革开放以来，我国保险经历了高速发展，保费从 1980 年的 4.6 亿元，到 2012 年达到 1.55 万亿元，增长了 3000 多倍，年均增长率是 30%。但是，从我国目前保险的险种结构来看，我国财产险保险市场中车险一枝独秀，得益于家用汽车的普及和"交强险"的实施，车险市场份额从 2001 年的 61.57% 增加到 2010 年的 77.12%、2011 年的 75.89%，占绝对主体地位，成为多数产险公司冲规模、扩机构、谋生存发展的根本。同时，受益于财政直补和多方推动，2010 年农险的市场份额占比 3.49%，2011 年的市场份额占比 3.77%，成为财产险第三大险种，与此相比，企财险和责任险的份额分别从 2001 年的 17.65%、4.09%下降至 2011 年的 7.14%和 3.21%。值得注意的是，目前我国财产险占比前五位的车险、企财险、农险、责任险、货运险的总占比超过了 92%。而人身险保费从 2000 年的 1003 亿元一路高歌猛进，增加到 2010 年的 10632.33 亿元。2011 年人身险保费收入为 9721.43 亿元，同比减少 910.9 亿元，下降 8.57%，从数字上看是近 20 年来首次负增长。2012 年，人身险保费收入为 10157 亿元，年增长为 4.5%。具体来看，2011 年寿险保费为 8695.59 亿元，2012 年寿险保费为 8908.05 亿元。与之相比，保障性能突出的意外险保费 2011 年为 334.12 亿元，同比增长了 21%，2012 年为 386.18 亿元，同比增长 15.6%；健康险保费 2011 年为 691.72 亿元，同比增长 2%，2012 年为 862.76 亿元，同比增长 24.7%。近几年，我国人身险过于倚重理财型产品，保障型、补偿型的意外保险和健康保险这些处于保险风险治理优势范围内的保险产品和保险服务并未得到应有的重视。上述数据说明，目前我国保险在规模上获得了令世人瞩目的发展，但在经营主业上，对政策的依存度非常高，保险还是靠吃政策饭、吃大锅饭、吃垄断饭。保险产品、保险服务在对公共风险的治理幅度方面过于集中于车险和理财险，保险产业为整个社会的风险提供保障的渗透力并不深，社会对保险风险治理能力的依赖度并不高，保险对经济的保障深度和密度还不够，保险风险治理、风险经营的能力和话语权还不够。目前，保险在经营理念上并没有围绕风险治理的市场需求来建构专业化、技术化、细分化、信息化的产品和服务，其经营组织的架构在决策层、经营层、治理层、支持层、监督层上出现严重的偏向和断层。这一情形，迫切需要保险在创新中自觉地予以转化。保险未来可持续的健康发展、保险竞争力的提升和保险社会依存度的提高，迫切需要保险在经营理念上推陈出新。

保险经营理念创新，必须围绕一个主线：保险产业核心竞争力。保险产业的核心竞争力是风险治理。风险治理是无形产品，服务是其基本手段，也是保险功能的实现路径。保险应积极服务于社会发展多层次的保险需求，切实以市场需求为中心，着力提升风险治理的能力和水平，通过专业化、精细化、技术化、信息化的保险服务，切实提升保险服务公共风险治理的保障能力和治理能力。保险的发展必须立足于市场、服务于市场，不断提升风险治理能力和风险治理服务深度，在满足社会保险需求、服务公共风险治理的进程中提升保险的风险治理话语权、影响力和社会形象。我国保险在其优势领域，即风险治理、风险服务领域仍然大有空间、大有可为、大有发展。2011 年、2012 年意外险、健康险逆势高发，就很能说明这一点。保险的产品结构、服务能力、服务深度有待于进一步加强，风险治理水平和服务能力将逐渐成为保险发展的基础。如果社会对保险依存度提高，公共风险能有效通过保险来化解，保险参与公共风险治理的能力和水平就获得了提升。因为，对于社会变迁、经济转型、改革攻坚阶段公共风险的管控，商业保险有益于改善社会总的福利水平，对任何风险管控的商业保险的供给都在一定意义上限缩了政府供给公共风险行政化治理的空间和供给公共保障的责任。

（二）创新协同实践

保险具有丰富的保险资源，如资金、产品、服务、技术、网络等。就我国保险发展的现状而言，保险协同公共风险治理，其功能实践有待发挥的空间还很大，保险资源还有待进一步整合，保险协同参与公共风险治理的技术、载体、路径有待进一步创新和拓展，其协同治理的领域涉及诸多公共领域。

全面发挥保险协同治理公共风险的社会功能，保险业需要创新推

动、加快发展，解决保险服务市场化供给与公共风险公共化治理之间
不平衡的问题，在各类保险载体方面加快发展，创新保险载体，在保
险资金运用、保险产品、保险服务方面开拓创新，满足公共风险协同
治理的现实需求。

1. 保险资金运用创新

保险资金运用方面可以不断创新，积极推进整个行业体系协同参
与公共风险治理。截至 2012 年 12 月底，保险行业资产总额达到 73546
亿元，同比增长 22.3%。截至 2012 年 12 月底，保险业银行存款达到
23446 亿元，同比增长 32.2%；用于各类投资的保险资金达到 45097
亿元，同比增长 19.5%。保险业，尤其是寿险业，具有显著的"先收
后赔"特征，积累了大量的资产。我国保险资金运用，经历了从单一
银行存款，到粗放多元化投资，到严格投资渠道监管，再到目前投资
渠道的不断拓展四个阶段。从保险业恢复至 20 世纪 90 年代后期，我
国保险业资金运用仍然停留在"被动管理"阶段，保险资金主要应用
于银行存款以及获取利息收入，保险业利润主要来源于承保收益，保
险业自己的融通功能和保险投资收益在保险公司经营中的地位都未被
充分重视。20 世纪 90 年代末期，随着银行存款利率从 10% 左右持续
下降至 2% 左右，连投险、分红险等保险产品在保险市场上逐渐成为
主流，这不仅给保险业带来了巨额的利差损负担，而且使我国保险业
的承保利润面临持续下降的压力。在这一背景下，保险业开始逐渐重
视资金创新运用。首先是保险资金运用渠道的改革创新，2004 年以前
保险资金主要被投向银行存款、政府债券、金融债券、证券投资基金；
从 2004 年开始，保险资金可以直接进入股票市场，投资可转换公司债
券；到 2006 年，保险资金先后被允许投资国家级重点基础设施项目和
未上市商业银行股权；2007 年保险资金可以投资境外货币市场产品、

固定收益产品和权益类产品；2010 年允许保险资金进行不动产投资、上市股权投资。整体上，保险资金运用渠道和产品逐渐多元化。其次是保险资金运用的机构化、集中化和专业化改革。随着 2003 年 7 月、11 月中国人保资产管理股份有限公司和中国人寿资产管理有限公司先后成立，我国保险资金运用进入了机构化管理阶段。同一时期，保险业内各保险公司将各分支机构和地方分公司的资金集中于公司总部，对保险资金集中管理、集中运用，对保险资金运用实施了集中化、专业化改革。保险资金运用改革不仅使得保险的投资管理能力和风险控制能力不断提高，降低整个保险行业的投资风险，提高投资保险收益，①而且，进一步拓展了管理资产种类和资产管理服务的对象。保险资产管理公司不仅可以受托管理母公司的保险资产，还可以作为独立金融机构管理第三方客户的非保险资产，在综合化的金融市场中为不同类型的机构投资者提供资产管理服务。保险资产管理公司正成为国内最重要的机构投资者之一。在有效促进保险资产的保值增值方面，在保险资金支持地方实体经济方面，在金融市场的话语权、在金融交易定价权方面，保险资产管理公司发挥着越来越重要的作用。保险资金运用的改革创新，是保险资金创新协同社会治理极为有利的背景和契机。

在协同治理公共风险视阈下，保险资金具有规模增长的可持续性，资金运用周期长期稳定，资金风险监控专业、安全等级高；因而，在全方位参与国家建设——经济转型、产业转型、社会转型，缓解资金短缺等方面具有较为突出的优势，能在诸多领域以多种方式支持和服务国家建设。目前，我国保险资金尚未被允许直接进行贷款。保险资金主要以基础设施债权投资计划的形式参加大型投资

---

① 廖建民：《我国保险资产管理行业的发展和展望》，《中国金融》2010 年第 3 期。

建设项目。保险业内，中国人寿资产管理有限公司、中国人保资产管理股份有限公司、中国平安资产管理公司、泰康资产管理公司、太保资产管理公司、太平洋资产管理公司、华泰资产管理公司7家保险资产管理公司具有发起债券投资计划的资质。保险资金基础设施债权投资计划主要面向能源、交通、市政、环保和通信等需要的资金量大，项目运营周期长，与保险资金规模大、期限长特点相匹配的基础设施类项目。[1]

从长远来看，随着保险资金运用的改革创新，保险资金运用领域将逐步全面放开，未来保险机构将逐步被允许投资银行理财产品、信托公司的集合资金信托计划、证券公司的集合资产管理计划，参与融资融券业务，甚至，有可能被允许开展衍生品业务进行风险对冲。当然，保险资金运用改革创新，需要有国家相关的政策支持，支持保险资金在有效控制风险、满足资产配置需要、符合相关法规规定的前提下，按照市场化原则，投资交通、通信、能源等大型基础设施项目；推动保险资金运用扩权参与直接融资，推动保险资金以资产管理公司[2]、设立产业基金、投资入股等形式直接对接实体经济，为国家经

---

① 但保险资金运用创新，在产业转型升级、中小企业融资、社区养老、不动产等方面，都能起到资金保障作用。如：平安集团于2008年启动的为解决企业融资困难的绍兴平安创新投资项目、平安集团于2012年9月启动的计划投资170亿元桐乡养生养老社区项目、中国人寿投资55亿元于2012年10月开工的钱江新城中国人寿大厦项目。

② 保险资产管理公司是国内最重要的机构投资者之一，在资产配置、固定收益投资、权益类投资等方面具有明显的优势，而且可以为更多行业以外的机构和个人提供资产管理服务。从国外的经验来看，保险资产管理公司不仅可以管理股东保险公司的资产，而且还可以管理非保险行业的资产，即第三方资产。第三方资产通常包括养老金、社保基金和企业年金等与保险资金性质类似的资金。鉴于目前保险资产管理机构已经进入国内的企业年金领域，多家保险资产管理公司获得了企业年金投资管理人资格，行业受托管理资产规模超过1000亿元。我国养老金、社保基金、企业年金发展空间巨大，保险资产管理机构进行第三方资产管理的潜力巨大，浙江省保险业也需要顺应市场和自身发展的趋势，加快推进保险资产管理机构的建设，增强浙江省保险业进入保险业以外的市场，拓展受托资金的来源，更广泛地参与社会财富管理业务。

济建设提供资金保障、资金供给。积极探索巨灾风险、高新科技开发风险的保险融资路径，创新设立巨灾、高新科技发展保障基金，通过保险主导、政府适当扶持的途径，提高社会对巨灾风险、高新科技开发等风险的化解能力，为国家建立公共事务应急体系提供有力支持，为高新技术的发展保驾护航。

2. 推动保险产品创新

在风险管理方面，保险在保险产品开发、市场开拓等方面具有优势。保险承保各个领域的可保风险，供给合适的保险产品，积累保险准备金，转移公共风险，保障受险主体遭受风险后迅速获得经济补偿。保险通过市场化统筹这一机制，有助于公共风险分险减灾。因而，推动保险产品创新，推动保险业设计开发新的保险产品，将拓宽保险市场，拓宽保险对公共风险予以承保的范围，有助于更好地发挥保险协同公共风险治理的功能。

从整体上看，当前保险业供给的保险产品结构单一、严重同质化，理财险和车险"两险独大"，保障型、补偿型、责任型产品比重低。这大大削弱了保险协同公共风险治理的能力。保险协同公共风险治理创新，需要进一步推进保险产品创新。一是优化险种结构，扭转车险、分红险占绝对优势的局面，大力发展保障型、补偿型、责任型保险。加快发展竞争有优势、市场有需求、公司有效益的保险产品；强化推动民生有需要、社会有需求、政策有保障、制度有支撑的保险产品。二是形成以社会需求为导向的保险产品创新体系，围绕国家经济和社会生活的重大变化，围绕城乡居民的消费文化、消费习惯和消费热点，以涉海保险、农村保险、信用保险、养老保险、医疗保险、责任保险等领域为重点，推动产品创新。三是重视保险产品的宽度、广度、精细度，重视保险产品保前、保中、保后保险服务的开发，拓宽保险协同公共风险治理的领域。

保险协同公共风险治理，是保险履行社会责任的一个具体体现。保险除了发挥经济补偿、资金融通功能之外，还要坚持从发展的战略高度看问题，在讲经济效益的同时也要讲社会效益，和谐社会是保险实现价值的土壤，要追求经济效益与社会效益的统一。

保险产品创新，既要发挥保险协同作用，又要符合百姓需求和市场需求，推动发展保障型、补偿型、责任型保险，大力发展责任保险，推出更多适合市场需求的责任保险产品，增加责任保险产品的有效供给，扩大责任保险特别是高危行业责任保险的覆盖范围。

自 2006 年《国务院关于保险业改革发展的若干意见》颁布以来，保险积极协同参与公共风险治理，大力推动责任保险的发展。保险业积极开发各种责任保险产品，辅助政府进行相关领域的公共风险治理，有效化解火灾、医疗、产品质量、交通、环境污染、安全生产、旅游、校园方责任等领域的矛盾，减少了社会纠纷，降低了政府公共风险治理成本，提高了突发事件的处置效率，有力促进了政府公共风险治理机制的完善。

火灾公众责任保险方面，2006 年，保监会、公安部联合下发了《关于积极推动火灾公众责任保险切实加强火灾防范和风险管理工作的通知》，强调积极发展火灾公众责任保险是完善消防安全监管和建设社会保障体系的重要举措。在政府部门的有力推动下，保险业积极协同参与火灾公众责任保险的试点工作，为建设社会保障体系、增强社会火灾风险防范能力、提高公共风险治理水平起到了较好的示范作用。例如，江苏省在全省创新推出火灾公众责任险。该险种主要责任范围包括在公共营业场所内因火灾、爆炸及物体坠落等其他保单载明的意外事故致使第三者人身伤亡和财产损失的经济赔偿，及其他必要的、合理的费用。通过发展火灾公众责任险，积极补偿意外受灾主体，有助于受灾主体灾后生产恢复、生活重建。

社会保险是多层次社会保障体系的主体，承担着"低保障、广覆盖"的重任，保险则是多层次社会保障体系的一个重要组成部分，主要弥补社会保险基础保障之外保险保障的不足。在多层次社会保障体系中，社会保险与保险是相辅相成的，社会保险的"基础地位"与保险的"补充作用"，决定了两者之间既有共性又有个性的本质特点，形成了共为一体、相互促进、互为补充的运作模式。保险运用市场机制，发挥其专业人才、市场运作和服务客户方面的优势，在发展创新上，要从转变政府职能、引入市场机制、扩大准入领域、实现政策共享等方面，重点解决构建社会保障体系过程中支持保险更好发挥"补充作用"的问题。比如，保险通过试点医疗责任险，积极协同参与公共风险治理，开展医患纠纷调解工作，有效化解了医疗事故纠纷。

安全生产责任保险方面，保险通过意外伤害保险和安全生产责任保险协同参与公共风险治理，与当地政府部门协调、配合，合理设定赔偿限额，为从事危险作业的人员做好风险保障，有效减少了意外事故造成的矛盾纠纷，切实减少了社会摩擦。上海市全面推广危险化学品责任险。该险种主要责任范围包括生产、销售、存储、运输、使用、处置危险化学品等其他保单载明的意外事故致使第三者人身伤亡和财产损失的经济赔偿，及其他必要的、合理的费用。危险化学品企业一旦发生事故，其事故的危害程度和救助成本将远高于在一般的公共营业场所发生的事故。保险创新推动危险化学品责任险的开展，有利于提升整个社会运用保险机制统筹危险化学品带来的公共风险的能力。杭州试点推出拆迁工程责任险。随着我国城市化的加快和涉及民生的重大基础设施项目的推动，动拆迁项目逐渐增多，创新开发拆迁工程责任险，可进一步保障由拆迁造成的第三者的人身伤亡和财产损失的经济赔偿、拆迁人员的人身意外和动迁项目组对被拆迁居民一些承诺的赔偿。大连市先后在公共场所、高危行业企业和其他存在重大风险隐患的重点领域推行公众责任险。通过推广公众责任险，发挥保险辅助公共风险治理的功能，利用保险机构的网点、风险管理技术和防灾防损资金，配合政府相关部门加强防范工作，有效预防重大安全事故发生。

校（园）方责任保险方面，保险通过校园方责任保险协同参与公共风险治理，扩大校园方责任保险和学生平安保险的覆盖面，在转嫁校方经济赔偿责任风险的同时，强化了学校、学生及家长的风险防范意识，进一步保障了校园的安全。2009年，河北省全省统一承保校园方责任保险，共承保学校14316所，涉及学生861.29万人。2010年，深圳市政府下发通知，全力推动学生人身意外伤害保险和校园方责任保险。

保险产品创新中要加强涉农保险产品创新。由于农业生产在国民经济中的基础地位，以及它在生产过程中面临的风险的特殊性，保险应有步骤地建立多形式经营、多渠道支持的农业保险体系，探索具有地方特色的农业保险发展模式，积极发展与农民生产生活密切相关的保险产品，提升涉农保险保障和服务水平。近年来，保险以保障国家粮食安全的主要农、畜产品为重点，积极参与公共风险治理，以"三农"保险为着力点，主动配合国家支农惠农政策，积极发展能繁母猪保险、奶牛保险、玉米种植业保险、小麦种植业保险、生猪保险、农村治安保险、农村小额信贷保险、农村小额人身保险、流动人口计划生育保险，为农业、农村、农民保驾护航。保监会数据显示，"2010年农业保险保费收入达到135.7亿元，是2002年的近30倍，覆盖农户 1.4 亿户次，支付赔款 100 多亿元，共有约 2100 万户次的受灾农户得到补偿"。保险在大力发展政策性农业保险的同时，不断扩大农村治安保险的覆盖面，有力地推动了农村社会治安形势的好转；开办符合农民工特点的保险业务，为企业安全生产和流动人口健康提供保障，努力解除农民工的后顾之忧；强化保险的风险预警控制、应急救援等职能，辅助政府做好流动人口的公共风险治理体系建设。上述实践表明，保险作为市场化的风险转移机制和公共风险治理机制，通过经济杠杆管理，减少社会摩擦，化解社会矛盾，有利于提高公共风险治理效率，有助于政府降低公共风险治理成本，是推动公共风险治理创新、完善公共风险治理体系可资利用的有效金融工具。近年来，保险针对经济社会发展中面临的突出问题和矛盾，在协同参与公共风险治理、创新公共风险治理方面，进行了很多有益的实践。但受到众多主客观因素的制约，我国保险的深度和广度都比较低，保险在辅助公共风险治理方面的功能未得到充分发挥，亟待加大保险协同参与公共风险治理、创新公共风险治理的力度，充分发挥保险协同参与公共风险治理的优势，全面扩大保险协同参与公共风险治理的覆盖面。

3. 保险服务创新

保险，既可以在风险事故发生后组织经济补偿，也能在风险事故发生前助推风险防范，提升整个社会的风险安全意识，避免、减少风险事故；保险公司通过提供风险管理服务，完善整个社会的风险预警机制，及时发现隐患，预防重大风险产生，减少重大事故给社会带来的损失。

要进行保险服务创新，保险应当进一步健全市场化的损失补偿机制，不断改进和加强保险服务。通过保险服务，降低灾害、事故、疾病等对人民群众造成的影响，维护正常的生产生活秩序，预防和减少社会矛盾纠纷。对于因灾害、事故、疾病等致被保险人遭受损失，属于保险责任的，及时按照合同约定足额赔付。理赔给付应规范准确、要求清晰、方便快捷。对于造成重大人员伤亡和巨大财产损失的自然灾害、生产事故和社会事件等，按照各级党委政府工作部署，及时启动应急响应机制，开设绿色通道，及时预先赔付，做好慰问安抚，帮助投保人和被保险人尽快恢复生产生活。

近年来，保险积极协同参与多层次社会保障体系建设、社会灾害预防体系建设。比如，保险充分发挥在费率厘定、专业技术、资金管理、机构网络等方面的优势，为区域性医疗责任保险提供保险保障，辅助政府进行公共风险治理，大幅降低了行政化管理成本，使得医疗责任保险的社会认知度明显提高。特别是中国人民保险集团公司推出的大额医疗补充保险"湛江模式"取得政府、群众、医院、保险公司四方共赢的良好效果。

再如，保险通过与气象部门等相关部门合作，运用风险管控技术，结合风险数据经验，为法人客户、自然人客户提供防灾防损、应急救援、快速理赔等服务与支持，推动灾害预防与应急处置机制建设，提高全社会抵御灾害能力。

近年来，保险积极协同参与构建地方"大调解"工作体系，积极化解保险矛盾纠纷，减少社会摩擦；与此同时，积极配合司法机关，通过参与保险司法案件的调解工作，创新保险协同参与公共风险治理的方式。浙江宁波市和安徽马鞍山市的保险机构积极参与由当地公安、司法部门成立的交通事故调解委员会，及时提供交通事故当事人的保险情况及理赔意见，并根据调解协议进行核损、理赔。试点工作开展以来，马鞍山市共受理各类道路交通事故损害赔偿纠纷355起，调解成功353起，调解成功率99.4%，按照调解协议累计进行保险赔偿375万元。宁波市调解各类道路交通事故总件数为730件，调解成功件数620件，成功率为 84.9%。北京、云南等地保险机构与司法部门联动建立了保险纠纷调处机制，获得了国人和有关政府部门的充分肯定。2007 年，苏州保险积极参与社会大调解工作，积极与法院、司法局、交巡警支队合作，通过建立道路交通事故赔偿四方诉前调处机制，2008 年调解成功率为99.8%，2009 年调解成功率为 100%，2010 年调解成功率为 99.46%。

保险展业、风控、理赔的服务如何直接影响保险协同公共风险治理的社会认同度和美誉度。做好协同工作，保险应以服务为本位、以需求为本位、以专业为本位。一是以服务为本位。保险服务包含保险的浅层服务和深层服务。浅层服务方面，要提高服务的便利性、快捷性和周全程度；深层服务方面，切实提升保险服务的诚信度、专业化和合规化。二是以需求为本位。公共风险治理要求保险提供对策化、专业化、人性化、个性化、差异化的回应风险、管理风险的保险服务。保险应立足公共风险治理的实际需求，走群众路线，以创新推动保险服务对策化、专业化、人性化、个性化和差异化。三是以专业为本位。保险服务协同公共风险治理的优势在于专业化风险识别、风险回应和风险管理。浙江省保险服务专业化还有一个漫长的道路要走。从保险核心竞争力和协同公共风险治理角度考虑，保险应集中精力做好专业化，紧贴公共风险治理，为人民群众提供专业化的保险服务。在这一基础上，以专业化的保险服务推动保险服务的对策化、人性化、个性化、差异化。

中国经济的快速发展①持续释放保险需求。2012 年保险需求从两

① 《林毅夫：中国还可快速发展 20 年》，http：//intl. ce. cn/sjjj/qy/201205/04/t20120504_23296004. shtml。林毅夫强调，中国的增长潜力很大，因为它有产业升级的空间，在基础设施、环境、社会服务等方面有不少好的投资领域，政府财政状况较好，储蓄率很高，有可观的外汇储备，如果改革得以推进，中国经济再快速增长 20 年当无问题。《未来 5 年我国经济平均增速仍会保持 8% 以上》，http：//www. ce. cn/macro/more/201109/29/t20110929_ 22731152. shtml。根据国务院发展研究中心课题组的研究，如果加大改革力度，加快转变经济发展方式，培育新的增长动力，未来 5 年我国经济平均增速仍会保持在 8% 以上。

年前的第 9 位跃升至第 3 位，有 34.24% 的受访家庭计划购买保险产品。2012 年，受访家庭保险产品消费居第 4 位，保险产品消费比例达 30.78%。2013 年，央视财经频道发布的《CCTV 经济生活大调查》数据显示，2013 年，有 27.86% 的受访家庭计划购买保险产品。[①] 政府行为对保险发展和协同治理有着深远的影响，主要体现在宏观经济政策、相关产业政策和保险监管三个方面。随着保险广泛协同参与经济社会风险管理，以及对地方贡献度的明显提升，保险的优越性逐渐被各级政府部门所关注和重视，特别是自 2006 年《国务院关于保险业改革发展的若干意见》下发以来，各级政府和相关部门不断加大对保险业的支持力度，在各级保险监管机构不遗余力的推动下，各级政府和相关部门积极支持保险在社会保障、行业性风险管理、保险资金运用等方面发挥作用，促进保险服务领域的快速拓展和行业实力的提升。

中国保监会在下发的《关于保险业进一步参与加强社会建设创新社会管理的意见》中强调，全行业应当通过诚信规范经营、大力发展各类责任保险、加强重点领域的保险创新和服务等方式，在做好自身和谐稳定的同时，充分发挥保险在加强社会建设、创新公共风险治理中的职能作用，积极协同参与公共风险治理。

---

① 2013 年受访家庭消费需求结果如下：家电（39.02%）、旅游（32.1%）、电脑等数码产品（31.2%）、保险（27.86%）、其他（25.77%）、教育培训（23.63%）、保健养生（21.41%）、汽车（20.1%）、文化娱乐（17.72%）、奢侈品（17.05%）。近四年的调查显示，人们对保险的需求有较持续性的增长（分别为 19.2%，29.1%，34.24%，27.86%）。

第四章
保险协同治理的创新载体

公共风险治理是实践性最强的社会活动。在国家和政府对有关公共风险治理认识上产生突破、公共风险治理理念和模式变革的大背景下，有关政府和保险之间治理客体指向上的一致性和治理对象的差异性认识，有关保险商业化治理留白空间的客观性、保险治理制度的滞后性和创新性不足的认识，为实践中推进保险创新协同公共风险治理、推进公共风险治理创新运用保险工具提供了坚实的理论基础。

从社会学角度看，创新是指人们为了发展的需要，运用已知的信息，不断突破常规，发现或产生某种新颖、独特的有社会价值或个人价值的新事物、新思想的活动。从经济学角度看，创新是指利用已存在的自然资源或社会要素创造新的矛盾共同体的人类行为，或者可以被认为是对旧有的一切所进行的替代、覆盖。依据社会学、经济学的创新理论，保险创新就是指商业保险产业内各层次主体，在不断发展的趋势中对在先的生产要素进行改造、升级、替代，不断提供新的产品和服务来满足人们对保险的需求所进行的各种活动。

保险创新是指保险在经营活动中依据客观规律和市场需求所进行的理念、实践等方面的创造性变革，保险创新主要集中表现在保险理念和保险实践创新，具体包括保险环境理念创新、保险功能理念创新、保险经营理念创新、保险资金运用创新、保险服务创新、保险产品创新等方面。

保险创新，既是保险在公共治理格局中的有益构成、参与新型公共风险治理的客观需要；也是保险自身发展的需要。保险与新型公共风险治理之间，有着天然的接驳机制。保险作为商业化治理公共风险的治理模式，其治理的客体在自然属性、技术属性和经济属性上具有可保性；而政府治理的正是商业化治理所不愿、所不能、所不及的留白空间中的公共风险。风险的商业化治理和行政化治理在治理客体上的一致性和差异性，是保险接驳参与新型公共风险治理的天然土壤，正因为有这一天然土壤，保险与新型公共风险治理之间，先天具有接驳通道。对于社会变迁、经济转型、改革攻坚阶段公共风险的管控，商业保险有益于提高社会总的福利水平，对任何风险管控的商业保险的供给都在一定意义上限缩了政府供给公共风险行政化治理的空间和供给公共保障的责任。同时，保险作为治理公共风险最为有效的专业工具，是政府在治理政治建设、经济建设、文化建设、社会建设、环境建设等诸多领域的社会问题、公共风险不可或缺的重要的创新工具。政府创新运用保险机制，是统筹、治理公共问题和公共风险的客观需要。推进保险创新，推动保险切实接驳、参与到新型公共风险治理体系中，高度契合当前政府主导、社会多元协同、公众参与的公共风险公共治理这一主流格局，具有非常现实的社会意义。

当前，保险协同公共风险治理，其自身存在诸多问题。一是经营理念有待提升。部分商业保险公司重经济效益轻社会效益，认为参与社会治理的险种需要长期培育，难以在短期内见效，而且前期投入的成本费用较高，因此商业保险经营主体能够积极发挥商业保险经济补偿的功能，但往往忽视了其在辅助社会治理的同时可以促进自身发展，其经营理念有待提升。二是业务覆盖面较窄。目前，保险公司对市场缺乏深入细致的研究，对经济社会特别是普通消费者的真实需求了解不深、不透，相关产品不够丰富，难以适应经济社会发展的实际需要，特别是商业保险参与社会治理的业务、险种还只是零星和小范围的。三是服务能力有待提升。部分商业保险公司对防灾防损重视程度不够，没有专门的部门、人员和固定的经费用于此项工作，导致防灾防损的作用没能充分发挥。再者保险公司理赔人员素质整体不高，理赔服务质量与消费者的要求还有较大差距，理赔服务能力、水平有待进一步提升。

保险创新协同公共风险治理存在以下主要障碍。思想障碍，主要表现在：对保险发展的方向无法把握和认识不够；对保险相对于其他行业的良好状态（效益、治理、信息化程度等）过于乐观，缺少居安思危的意识；对创新的内涵认识不够，没有深刻认识到它的科学内涵，更没有认识到创新就是重要的实践活动——扫除思想障碍的对策研究。环境障碍，保险创新需要有创新的土壤。当前保险创新环境方面的条件不够成熟，影响到理论创新、治理创新、制度创新和业务创新。信息障碍，保险创新过程中的信息障碍主要体现在信息化程度不高和信息不对称。信息化程度不高影响保险治理创新，一些新的信息技术在保险领域没有得到充分的应用和开发，保险服务无法深入，只能是开展一些传统的保险服务，严重制约了技术创新、治理创新和制度创新。信息不对称始终是妨碍保险创新的客观存在。信息沟通的渠道难以保持畅通，强化了信息的这种不对称性。体制障碍，主要表现在环境体制和保险自身的体制方面。制度安排对保险创新具有非常重要的意义。整体来看，我国商业保险虽然获得了巨大的发展，但我国商业保险市场主体地位仍然不明晰。机制障碍，我国商业保险在经营上靠吃政策饭、吃大锅饭，保险对政府的依赖程度较高，独立经营的能力差，只能被动接受挑战。另外激励机制、用人机制还不完善。

我国商业保险治理模式较为落后，没有围绕市场来建立起决策层、经营层、治理层、支持层、监督层五个层次的组织架构，职责定位也不科学，这也在一定程度上影响了保险创新。

一 保险资金运用的创新

保险资金运用是保险经营中极为重要的业务。投资是保险行业的核心业务，没有投资等于没有保险。但是，保险资金运用存在着极为复杂的风险，这是一个无法回避的客观存在。保险资金运用存在的诸类如战略风险、市场风险、信用风险、流动性风险、道德风险和操作风险，无法通过保险技术来转移、分担，需要借助完善的治理制度和高超的治理能力来降低、减少。从市场主体的角度来考虑，保险资金的运用是保险企业的自主商业行为，无须政府介入。但由于保险是金融体系的重要构成，保险企业集聚了大量的社会资金，向社会、向公众提供长期的商业保障业务，保险企业偿付能力具有纵深的牵连性和强大的影响力，影响着经济秩序、社会秩序，保险企业偿付能力是金融安全、社会安定的重要部分。从这一意义上讲，保险资金的运用与保险企业偿付能力有着最为密切的关联，切实关系到第三方的合法权益，关系到公共利益和公共秩序，需要政府监管的介入。

(一) 保险资金运用治理体制的变迁与问题

改革开放后，中国保险自 1980 年起开始恢复，但严格意义上的保险资金运用是从 1984 年开始的，在此之前，保险资金被全部存入银行，根本谈不上真正意义上的保险资金运用。其后，中国保险资金运用经历了由乱而治、从宽松到逐步收紧的过程。2004 年以来，中国保监会下发了一系列与 1995 年《保险法》、2002 年《保险法》相配套的保险资金运用规章和通知，逐渐架构形成当前保险资金运用的治理框架、规范和制度，形成了现行保险资金运用治理体制的支撑规范，如表 4-1 所示。

表 4-1　2004 年以来保险资金运用监管规则

时间	规章	内容	性质
2004 年 4 月	保险资金运用风险控制指引（试行）	保险公司资金运用风险治理的指引	审慎监管
2005 年 2 月	中国保监会关于保险资金股票投资有关问题的通知	保险资金股票投资	分类监管、行为监管
2006 年 3 月	保险资金间接投资基础设施项目试点治理办法	保险资金间接投资基础设施项目风险治理	分类监管、行为监管
2006 年 10 月	中国保险监督治理委员会关于加强保险资金风险治理的意见	改革体制，健全机制，构建风险治理架构	重视内控
2007 年 6 月	保险资金境外投资治理暂行办法	保险资金境外投资风险治理	分类监管、行为监管
2009 年 3 月	关于保险资金投资基础设施债权投资计划的通知	保险资金投资基础设施债权投资计划监管	分类监管、行为监管
2010 年 7 月	保险资金运用治理暂行办法	对保险资金运用范围、运用比例、运用行为、运用模式、运用流程、运用决策等全面、全方位、全过程、高渗透地监管	全面监管、综合监管

续表

时间	规章	内容	性质
2010 年 7 月	关于调整保险资金投资政策有关问题的通知	保险资金投资监管	分类监管、行为监管
2010 年 9 月	中国保监会关于印发《保险资金投资股权暂行办法》的通知	保险资金投资股权监管	分类监管、行为监管
2010 年 9 月	中国保监会关于印发《保险资金投资不动产暂行办法》的通知	保险资金投资不动产监管	分类监管、行为监管
2012 年 5 月	关于保险资金运用监管有关事项的通知	保险资金运用监管	对《保险资金运用治理暂行办法》补充、完善
2012 年 7 月	关于保险资金投资股权和不动产有关问题的通知	保险资金投资股权和不动产监管	分类监管、行为监管
2012 年 7 月	中国保监会关于印发《保险资金委托投资治理暂行办法》的通知	保险资金委托投资监管	分类监管、行为监管
2012 年 7 月	中国保监会关于印发《保险资金投资债券暂行办法》的通知	保险资金投资债券监管	分类监管、行为监管
2012 年 10 月	关于印发《保险资金参与股指期货交易规定》的通知	保险资金参与股指期货监管	分类监管、行为监管
2012 年 10 月	关于印发《保险资金参与金融衍生产品交易暂行办法》的通知	保险资金参与金融衍生产品交易监管	分类监管、行为监管

续表

时间	规章	内容	性质
2012 年 10 月	关于印发《保险资金境外投资治理暂行办法实施细则》的通知	保险资金境外投资监管	分类监管、行为监管
2012 年 10 月	关于保险资金投资有关金融产品的通知	保险资金投资金融产品监管	分类监管、行为监管
2013 年 7 月	中国保监会关于加强保险资金投资债券使用外部信用评级监管的通知	保险资金投资债券监管	分类监管、行为监管
2014 年 1 月	中国保监会关于保险资金投资创业板上市公司股票等有关问题的通知	保险资金投资创业板上市公司股票监管	分类监管、行为监管
2014 年 1 月	中国保监会关于加强和改进保险资金运用比例监管的通知	保险资金运用比例监管	分类监管
2014 年 2 月	中国保监会关于规范保险资金银行存款业务的通知	保险资金银行存款监管	分类监管、行为监管
2014 年 4 月	保险资金运用治理暂行办法（修订）	保险资金运用监管	全面监管、综合监管
2014 年 5 月	关于授权北京等保监局开展保险资金运用监管试点工作的通知	保险资金运用监管	全面监管、综合监管
2014 年 5 月	关于保险资金投资集合资金信托计划有关事项的通知	保险资金投资集合资金信托计划监管	分类监管、行为监管
2014 年 6 月	中国保监会关于印发《保险资金运用内控与合规计分监管规则》的通知	保险资金运用内控与合规计分监管	分类监管、内控监管

保险，尤其是寿险业，具有显著的"先收后赔"特征，积累了大量的资产。截至2014年8月底，中国保险行业资产总额达到9.48万亿元，投资资产达到8.58万亿元。我国保险资金运用，经历了从单一银行存款，到粗放多元化投资，到严格投资渠道监管，再到目前投资渠道的不断拓展四个阶段。从保险恢复至20世纪90年代后期，我国保险资金运用仍然停留在"被动治理"阶段，保险资金主要应用于银行存款以及获取利息收入，保险利润主要来源于承保收益，保险的资金融通功能和保险投资收益在保险公司经营中的地位都未被充分重视。2004年以前保险资金主要被投向银行存款、政府债券、金融债券、证券投资基金；2004年开始，保险资金可以直接进入股票市场，投资可转换公司债券；到2006年，保险资金先后被允许投资国家级重点基础设施项目和未上市商业银行股权；2007年保险资金可以投资境外货币市场产品、固定收益产品和权益类产品；2010年允许保险资金不动产投资、上市股权投资。整体上，保险资金运用渠道和产品逐渐多元化。

保险资金创新运用的历史，也是保险资金运用治理变迁的历史。从支撑规范的历史变迁来看，保险资金运用治理变迁主要体现四大脉络：监管内容从特殊监管到全面监管、普遍监管，监管目标逐渐从合法性监管扩展到合法性监管、合规性监管和偿付性监管三位一体综合监管，监管的领域逐渐从保险资金运用的外部宏观领域渗透到保险资金运用的内部微观和中观领域，治理理念逐渐从谨慎监管转型到无限监管。

从监管内容来看：保险资金运用监管从无到有，监管内容从特殊监管发展到全面监管、普遍监管。从监管主体来看：政府监管的结构体制，注定其监管资源的有限性——监管主体内在的监管权力的膨胀受限于有限的监管人力、有限的监管技术、有限的监管设备、有限的监管时间。政府无限的监管职能与有限的监管资源之间存在着深刻的矛盾，进而加大了保险资金运用面临的风险。政府的无限监管、综合监管、全面监管无法落地，而市场机制、社会机制也受限。从监管技术来看：保险资金运用风险治理本来存在诸多行业内的治理机制、公司治理机制，这些内部机制、内控机制实际上是治理保险资金运用合规性、合法性的机制，基于利益相对人的在场，市场的博弈保障了这些机制的内在发挥着调整功能。而从目前的监管制度来看：政府监管逐渐更多地介入保险行业和保险公司内部领域，将合法性监管、合规性监管和偿付性监管都综合在诸多的监管规则中，集中揽入监管机构的监管权力，导致公司治理机制、市场机制等内控机制失衡。

在过去的十年，中国保监会在监治理念上，从当初贯彻谨慎监管的理念逐渐转型为贯彻无限监管的理念。这个转型具体体现在监管内容、监管目标、监管领域和监管技术发生了深刻的转变。监管部门在这个过程中，监管资源不断充实，监管权力不断膨胀，在政府、市场、社会三大领域，风险的市场治理机制和社会化治理机制的适用空间越来越狭窄，保险行业、保险公司的自我救济、自我控制无法获得发展的空间。基于保险资金运用可能发生的连带的社会效应，政府监管的介入获得充足的合理性和膨胀式发展，政府监管在这一过程中逐渐贯彻这样的一种基本思路：保险资金运用的所有风险——不论是合法性风险、合规性风险还是偿付性风险，政府监管都应该介入。因而，诸种有关保险资金运用的行为监管规则、分类监管规则、综合监管规则逐渐被公布和实施。但很显然，保险资金运用可能面临的诸种风险，无论是合法性风险、合规性风险，还是偿付性风险，就其风险的治理技术而言，客观上存在着市场治理机制和公共风险治理机制，而政府监管仅仅是诸种治理机制中的一种。而且，从效用来看，单一的、独断型的政府监管不是治理保险资金运用风险最为有效的方式。

我国保险资金运用治理体制是在全能政府行政监治理论下逐渐形成的。面对保险资金运用风险，监管主体往往倾向于加强行政监管，而忽略了强化行政监管可能带来的制度风险和制度成本，忽略了微观层面上保险资金作为资本市场的资源要素最为起码的自由入市和自担风险的基本前提。在改革攻坚阶段，社会性的、制度性的、系统性的风险将进一步积淀，在推动服务型政府转型进程中，我国目前的保险资金运用治理体制将面临制度适应性、制度服务性、制度民生性、制度效率性等多方面的压力。面对新形势，中国保险资金运用治理体制需要创新转型，这既是保险监管部门建构服务型监管的实践需要，也是保险创新运用保险资金、把握当前挑战和机遇的市场需要。

我国目前保险资金运用治理体制存在的主要问题有三个层面：贯彻了保险资金安全的绝对主义，牺牲了对公司资金类别、公司类别和公司安全级别的区分，宏观层面上"窄许宽禁"，缺乏精细化、分类化、动态化治理，特别是缺乏保险资金运用价值的优先序的动态化治理；中观层面上存在保险资金运用权能的集中主义和保险资金运用机制的分权制衡，保险资金运用权能、机制和层级模式过于单一，限制了保险资金创新运用；微观层面上保险资金运用行为监管贯彻了行政监管全能主义，而目前的监管力量和监管技术无法支撑这一微观监管模式，形成了诸多监管漏洞。

（二）保险资金运用的创新与治理体制创新

改革开放以来，我国保险经历了高速发展，从我国目前保险的险种结构来看，我国财险保险市场中车险一枝独秀，得力于家用汽车的普及和"交强险"的实施，车险市场份额从 2001 年的 61.57%增加到

2010 年的 77.12%，2011 年的 75.89%，占绝对主体地位，成为多数产险公司冲规模、扩机构、谋生存发展的根本。近几年，我国人身险倚重理财型产品，保障型、补偿型的意外保险和健康保险在全部人身险产品中占比仅为 14%，万能险和分红险等理财型产品已经成为吸纳保费的主力，保险资金投资收益率水平成为支撑行业发展的核心因素。随着寿险费率市场化改革与保险资金运用市场化改革的深入推进，保险资金运用治理体制将对保险资金运用能力①产生深远而重大的影响。

保险资金运用治理体制实质上是关于保险资金运用权的配置制度，具体体现为保险资金运用权限在保险监管部门与保险公司之间、保险公司内部组织之间进行的配置。在经济转型、社会转型、建设服务型政府的大背景下，中国保险资金运用治理体制面临着改革的挑战和创新的机遇，未来保险的健康发展须臾不可或缺的重要保障是保险资金运用治理体制的创新。保险监管机构应当加快职能转变，更加尊重市场主体的自主权和市场规律，将监管重心从事前审批向监管执法转型。宏观上，创新建构适应保险资金运用价值序的动态化治理体制和技术支撑系统；中观上，鼓励保险资金运用的属地化发展；微观上，创新保险资金运用治理服务平台和服务技术，推进保险资金运用行为自治和法治。

我国保险资金运用存在几个鲜明的特点。一是银行存款比例显著高于其他国家，1999~2010 年，我国保险资金中银行存款比重平均高达 40.5%，其他国家一般在 10% 以下，西班牙最高，其现金和银行存款比重也仅为 22.3%，比利时和意大利分别为 17.1% 和 15.6%。而

---

① 保险资金运用能力将成为保险的核心竞争要素。2012 年以来，各金融监管机构先后发布多项新政，放开各类资产治理业务牌照，由稀缺的牌照资源产生的行业垄断和制度红利将逐渐消失。随着客户对金融产品风险收益特征辨析能力的加强，各类金融产品之间的行业属性将逐渐淡化，资金运用能力将成为客户购买金融产品、选择财富治理人的主要标准。

2014 年 2 月底的统计数据显示，目前我国保险行业银行存款为 21715 亿元，用于各类投资的保险资金为 46544 亿元，存款比重仍然高达 31.8%。二是债券、股票等相关投资比重相对比较低。1999 ~ 2010 年，我国保险资金中投资股票和证券投资基金的比重平均为 10.4%，在样本国家中该比例最低，英国、澳大利亚、加拿大和荷兰四国投资证券（债券、股票和股权）比重超过 50%，除日本、意大利和葡萄牙、西班牙低于 20% 以外，其他国家在 30% ~ 40%。三是部分国家允许保险资金进行贷款，而我国保险资金仅通过债权投资计划对大型投资建设项目予以"信贷"支持，我国保险资金尚未被允许直接进行贷款。日本保险资金贷款比重高达 49.1%，澳大利亚为 11.4%。出现这些问题，与我国的保险资金运用治理体制贯彻的全能监管、综合监管、绝对安全理念是密切关联的。长远来看，保险资金运用监管体制的转型调整、创新改革必然在宏观层面进一步拓宽保险资金运用的方式、领域，在中观层面赋予保险公司、保险行业更大的市场空间，而在微观层面，保险资金运用将迎来更多的市场化的挑战和机遇。

目前，我国保险资金尚未被允许直接进行贷款。保险资金主要以基础设施债权投资计划的形式参加大型投资建设项目。保险资金基础设施债权投资计划主要面向能源、交通、市政、环保和通信等需要的资金量大，项目运营周期长，与保险资金规模大、期限长特点相匹配的基础设施类项目。如在浙江省，截至 2012 年底，保险资金发起的债权项目产品发行总规模为 180 亿元，参与的保险公司主要是中国人保、中国人寿、太平洋保险，涉及的项目有宁波绕城高速、舟山大陆联岛工程、金丽温高速公路、杭州市铁路东站配套设施项目、嘉兴市的高速公路建设项目、舟山海涂围垦工程、舟山市交投 329 国道舟山段改建工程、甬台温铁路复线，大多是涉及民生的交通、基础设施建设。

随着保险资金运用监管体制的改革创新，保险资金运用领域将逐步全面放开，未来保险机构将逐步被允许投资银行理财产品、信托公司集合资金信托计划、证券公司的集合资产治理计划，参与融资融券业务，甚至，有可能被允许开展衍生品业务进行风险对冲。但从短期内来看，保险资金运用监管层面对保险资金治理在投资权限、投资方向、投资结构、投资决策等方面还无法进一步松绑。对此，保险应该采取较为理性积极的态度，对保险资金创新运用需要客观认识和评估；同时，在行动上努力推动保险各方力量生成合力，推动保险资金运用治理体制和保险资金运用制度的创新，争取在保险资金基础设施债权投资计划方面有更大的创新。未来几年，保险资金创新运用，就资金运用的方式、资金运用的比例、资金运用的机制、资金运用的规模、资金运用的通道、资金运用的流向方面有进一步拓宽空间、放松管制的基础。保险公司应积极进行保险资金创新运用扩权试点，引导保险资金以设立产业基金、投资入股等方式，支持保险资金创新运用，抢占市场先机。同时，强化保险资金运用市场治理机制、公司治理机制的构建，重视保险资金运用风险内控机制、合规机制的创新探索和建构，支持保险资金在有效控制合规风险、市场风险，满足资产配置需要，符合相关法规、规定的前提下，按照市场化原则，投资交通、通信、能源等大型基础设施项目；争取中央政策和地方政策的支持、扶持，在资本洼地的省域抢占先机，设立保险资产治理公司。

（三）如何推动保险资金运用创新，协同公共风险治理

保险资金运用是保险经营活动的重要内容，是实现资金融通功能的基本手段，事关保险发展的全局。随着保险的发展壮大和保险功能在现代经济社会中的不断演变，保险资金运用具有越来越重要的意义。转型阶段，当前的保险资金运用治理体制确实需要改革调整，深

化改革的一个根本的路向是尊重市场规律，尊重保险公司资金运用的市场权力。监管部门需要从全能监管转向偿付能力风险监管，从行为监管、市场监管逐渐转向结果监管，将行为监管、市场监管交给市场、交给市场主体。保险资金运用监管机构主要负责建立标准化的数据口径和报表体系，负责建立科学的、专业的偿付能力风险评估标准和风险评估的工作机制，负责保险资金运用信息的披露、风险评估结果的公开以及责任的裁量。这一转向，存在着主动调整和回应调整两个基本的模式。基于监管权力膨胀的规律性，监管部门主动调整的速度和力度存在着诸多的制约因素，回应调整的速度和力度相对于主动调整而言，主要取决于保险资金创新运用的社会压力。在保险资金运用治理体制深化改革的初始阶段，保险更应关注如何适应市场的需要，如何在现有的治理体制下，在保险资金运用的各个环节上获得创新权限或者试点权限。

在当前保险资金运用治理体制改革调整的转型阶段，应关注如何推动保险资金运用创新，使其参与到公共风险协同治理过程中。

其一，推动保险资金运用治理体制创新，在保险资金运用治理体制创新方面形成合力，努力争取国家保险监管部门和保险总公司政策上的"先行先试"，进一步推动保险资金运用创新，争取能够对国家建设中的战略性新兴产业项目和增长型的大项目、大企业直接融资贷款。目前，我国保险资金运用治理体制，对保险资金的治理实施严格的、集中的、一体化的监管，对保险资金的运用方式、领域、比例都有严格的限制，对保险资金运用的行政监管属于行为监管模式。在保险资金运用方面的创新，首先要在保险资金运用的治理体制方面予以破冰，推动保险资金运用治理体制的科学化、指标化、动态化发展，逐渐从对保险资金运用行为的严格监管转型到以监管偿付能力为主的动态监管模式，试点探索保险资金运用在保险公司层面的治理体制创新和保险行政监管层面的治理体制创新，创新保险资金运用的形式。

其二，拓展保险资金运用领域，推动保险资金运用领域由能源、交通、市政基础建设向海洋装备制造业、清洁能源、海水利用、海洋环保、海洋勘探、港航物流、原油、矿石、煤炭、粮食等重要物资储运项目倾斜。

其三，创新建设保险资金运用平台，围绕国家经济建设的大平台、大产业、大项目，搭建大产业、大项目的融资平台，推动保险资金、银行资金、民营资金在平台上进行金融合作，创新投资组织形式（如设立产业基金、投资入股）。

其四，创新推进保险资金运用，为融资难提供资金保障。金融市场融资难，说明供需通道不畅通，存在较大的制度风险和市场风险。保险本身拥有庞大的保险资金，在资金供给稳定性、长期性方面具有独特的优势，而且保险基于其长期从事市场主体各类风险治理，对市场主体风险、信用等有一个基本面的了解，也有着专业风险治理层面的技术支撑和数据支撑。因而，在解决融资难方面，保险非常具有产业优势，存在着大有作为的创新空间。第一，可以推动保险资金直接向中小微企业提供保单贷款和抵押贷款。一方面，保险资金运用于抵押贷款、保单贷款，将增加中小微企业的融资渠道，推动金融市场的开放和竞争，一定程度上将缓解中小微企业融资难的问题。另一方面，基于中小微企业的融资需求，其成长性的发展决定其需要比较稳定、长期的资金支持，而保险资金恰恰有这一方面的优势，因而，保险资金的收益需求也能得到实现。第二，积极运用融资平台，创新设立中小微企业创新保险基金、中小微企业债权投资计划信托债权基金等资金运用载体，加强保险资金、银行资金、民间资金之间的合作，为解决中小微企业融资难问题探索新的制度路径。通过融资平台多元资金的合作，推动民间资金的积极参与，有效提升民间资金向产业资本转化的能力，形成资本合力，实效参与解决民间资金多、中小微企业融资难等现实问题。保险资金运用方面的改革创新，主要是从资金供给角度，强化金融合作，增加资金的供给量；同时，推动保险资金直接投向贷款，推动保险资金进入资本市场的专业化、专项化，增强金融市场的开放性和竞争性，降低中小微企业融资的困难和成本，改善中小微企业在融资市场中的弱势。

二　保险产品的创新

从风险角度考察，保险为社会提供的服务主要是风险治理，风险治理是一系列无形活动，是保险实践外在的具体展现，而保险资金、保险产品、保险服务则是风险治理服务的载体。保险资金运用创新、保险产品创新、保险服务创新，最根本的是保险产品创新。保险产品是保险市场定位、服务水平最直接的体现，它不仅体现了保险的核心竞争力，还反映一个国家或地区的市场化程度。保险产品是保险的根本，没有保险产品的保险绝不是真正意义上的保险；保险产品的创新关乎整个保险的产业根基和未来发展。在传统视角下，目前我国保险仍然处于一个寡占垄断型、竞争力不足、开放性不足的保险市场，虽然创新动力缺乏、创新能力不足、产品创新困难重重，保险产品整体上无法满足社会的保险需求；但得益于我国国家建设、发展的高增长，转型期风险治理需求的集聚性、群发性及政府保险政策的导向和扶持，不论是在我国，还是在浙江省，保险在过去的三十多年都出现持续性的高增长。针对保险产品创新，在这一高增长业绩面前，保险并没有将其视为一个迫切需要解决的、关乎保险未来发展的战略性问题，保险产品创新似乎无关痛痒，成为一件装饰品，一个随时可能被拾起、随时可能被遗忘和被忽视的内容。

从省域范围来看，"十一五"期间，浙江保险积极开展创新活动，取得了长足的进步；但聚焦保险产品，总的来看，粗放的发展方式没有得到根本转变，内涵式增长能力较弱。保险产品的各类险种都有涉及，但保险产品结构单一，保险产品在条款设计、产品推广、产品营销、理赔程序、附加产品等方面粗放发展，产品服务粗糙、价格竞争非理性等问题较为突出。多年来，浙江省财产险业务主要靠同质化的车险，2012 年车险占财产险业务比重为 79.0%，除了爱和谊、中银、华泰和英大 4 家公司外，其余 28 家财产险公司的车险占比均超过75%；而人身险业务主要靠同质化理财产品的局面已持续多年，分红产品占据主流，2012 年分红产品保费占寿险产品的 87.8%，除招商信诺、瑞泰、联泰大都会、海康和光大永明 5 家公司外，其余 31 家寿险公司的分红险占比均超过 80%。从 2012 年浙江辖区财产险公司主要险种保费收入情况来看（见表 4-2），2012 年，浙江省车险保费收入290.5 亿元，对财产险公司保费增长的贡献率为 76.5%；车险保费占财产险公司保费收入比重为 79.0%。而非车险业务保费收入仅为 77.3亿元。信用保险、责任保险、家庭财产保险、船舶险、货运险、农业险、保证保险、工程险、特殊风险保费占财产险公司保费收入比重仅为 11.61%。浙江省的保险产品结构单一，保险协同公共风险治理的渗透率和贡献度都不高。特别是具有补偿经济损失、解决社会纠纷、化解社会矛盾的责任保险，占比仅仅为 2.0%。从世界保险的发展来看，大概可以划分为三个大的发展阶段：第一阶段是传统的海上保险和火灾保险（后来扩展到一切财产保险）；第二阶段是人寿保险；第三阶段是责任保险。保险由承保物质利益风险，拓展到承保人身风险，随后又拓展到承保各种法律风险，这是被先发国家保险发展证明了的客观规律。美国的责任保险市场在 20 世纪 80 年代前后即占整个非寿险业务的 45%～50%，在英、德等保险发达的欧洲国家，这个比例在 30% 左右。责任保险的公共风险治理功能在西方国家得到比较充分的发挥，责任保险已经成为社会和谐、社会文明的"润滑剂"。责任保险成为保险协同公共风险治理最为直观的保险险种之一。随着我国法律不断完善，制度不断健全，国人或组织无意地触犯法律的风险不断加大，社会对各方面的责任保险的需求将不断地加大。而相较于发达国家的责任保险占比，我国的保险创新路途可谓雄关漫道，亟待上下求索、创新。

表 4-2　2012 年浙江辖区财产险公司主要险种保费收入情况

险种	保费收入（万元）	占比情况（%）·	占比变化（百分点）
机动车辆保险	2905202.7	79.0	-0.4
其中：交强险	609378.1	16.6	-0.2
企业财产保险	248827.0	6.8	-0.3
信用保险	105291.9	2.9	0.1
责任保险	74868.3	2.0	0.1
意外伤害险	68527.6	1.9	0.0
家庭财产保险	56759.2	1.5	0.6
船舶保险	44399.6	1.2	-0.3
货运险	40915.9	1.1	-0.2
农业保险	40827.1	1.1	0.4
保证保险	37407.9	1.0	0.1
健康险	27285.5	0.7	0.0
工程保险	20780.2	0.6	-0.1
特殊风险保险	5945.8	0.2	0.0
其他险	996.4	0.0	0.0
合计	3678035.1	100.0	0.0

浙江经济转型、社会转型需要更多的风险保障，需要保险创新保险产品，需要保险为市场主体提供精细化甚至个性化的保险产品和保险服务。浙江保险要更好地协同公共风险治理、服务浙江建设，就必须着力于提高保险产品的创新能力。就保险单一主体来说，随着市场主体的日益多元，要跳出同质竞争和非理性竞争的窠臼，需要切实在保险产品和服务上改革创新、独树一帜。就整个保险而言，提升保险协同公共风险治理的能力和水平，也需要在保险产品和服务上改革创新，走差异化、精细化、专业化的道路。

保险产品的创新必须有组织保障、制度保障和人力支撑，需要配备一定的人员从事产品开发、设计、推广、信息反馈分析等工作。目前我国保险产品的创新权主要集中在保险总公司。20世纪90年代，许多省级保险公司自办险种引起了公司经营风险急剧上升，总公司为了降低经营风险而收回省公司的产品开发权。至今多数保险总公司仍严格控制产品的创新。大多数省级保险公司不享有保险产品开发权，将严重影响保险产品市场需求的满足度，影响到保险产品接地气，进而影响到保险风险治理的社会效应。毕竟，省级保险公司作为保险公司的重要分支机构，比控制保险产品开发权的总公司离风险、市场、客户更近，更了解风险治理的市场需求，也能更快、更有效地满足区域性的风险治理的市场需求。特别是浙江经济、社会发展具有独特性，决定了浙江省域内的保险市场具有别具一格的特殊性，决定了其保险需求与兄弟省域的保险市场有所不同，因而，需要浙江省域内的保险总公司、省级保险分公司特别重视这一问题，推动保险在保险产品治理机制方面有所突破。

保险产品创新，首先需要从战略的高度，逐步形成以社会需求为导向的保险产品创新体系，围绕浙江省经济和社会生活的重大变化，围绕城乡居民的消费文化、消费习惯和消费热点，以涉海保险、农村保险、信用保险、养老保险、医疗保险、责任保险等领域为重点，大力推进产品创新。其次需要加强保险战略创新能力、原始创新能力、借鉴创新能力和吸收再创新能力、先行先试创新能力建设，高瞻远瞩，勇于突破寡占垄断市场的温水式环境，强化保险产品创新能力和市场供给能力，供给能够满足社会保险需求的保险产品。在险种结构、产品改造升级、保险产品开发等方面进行创新，把握转型期公共风险的主流变化、主体趋势和主体特征，优先开发能产生规模效益、经济效益、社会效益的保险产品，为化解公共风险提供全面的、多层次、立体的、系统的保险产品。最后，在推动保险产品创新过程中重视保险产品的宽度、广度、精细度，重视保险产品保前、保中、保后保险服务的开发，切实拓宽保险协同公共风险治理的领域，加快发展竞争有优势、市场有需求、公司有效益的保险产品；强化推动民生有需要、社会有需求、政策有保障、制度有支撑的政策性保险产品，不断提高保险公共风险治理的渗透率和贡献度，进一步提升保险治理风险、服务社会、保障社会的能力。

保险改革创新，必须以市场需求为导向。浙江省域内的保险总公司、省级保险分公司应加大保险产品创新力度，培养保险公司产品创新的能力，不断创造出适应市场需求的保险产品。对于保险，首先需要优化险种结构，扭转车险、分红险占绝对优势的局面，拓宽责任保险发展空间，扩大信用保险、保证保险覆盖面，大力发展财产险，鼓励发展长期储蓄型和风险保障型保险产品，大力推动科技创新险、海洋保险、巨灾险、存款险、中小企业信用保险、自主创业保险和贷款保证保险①、环境污染责任保险、食品安全责任险、船员责任险、医

---

① 2010 年人保财险舟山市分公司与建设银行舟山分行等单位展开合作，在舟山市启动中小微企业贷款保证保险试点，运用保险提高中小微企业的资信等级和授信额度，破除中小企业融资瓶颈。截至 2010 年 2 月底，人保财险舟山市分公司已经承保中小微企业 14 家，承保贷款金额达到 1400 万元。此后，"政银保"合作模式在改革试点中不断得到完善，在解决中小微企业融资困难方面产生了良好的社会效益。

疗责任险、职业责任险、延税型年金保险等新险种，变寻找政策为推动政策，积极推动上述新险种的监管组织松绑、监管政策松绑、监管制度松绑、监管体制松绑、监管法规松绑和相关组织、政策、制度、体制、法律支持；进一步开拓、完善政策扶持、商业运作的准强制保险产品，完善政策扶持的保险产品的供给机制，进一步做好与社保业务的对接，开发出一批具有浙江特色的政策性、补充型保险产品，全面推进政策性农业保险，继续完善政策性农房保险，逐步健全林业保险制度；完善高新技术企业产品质量保证保险，为高科技企业的产品推广、政府扶持资金的使用提供更为高效的保险解决方案；加大出口信用保险服务力度，积极争取提高企业投保出口信用保险的保费补贴水平；以浙江开展多项社保体制改革试点为契机，积极融入医药卫生和养老体制改革，主动参与城乡居民医疗、养老保障工作，争取城乡居民医疗、养老保险经办型或补充型业务试点，培育市场可持续增长的创新亮点；充分发挥责任保险的公共风险治理功能，巩固完善承运人责任险、校（园）方责任险，推动食品安全责任险、火灾公众责任险、船东责任险取得实质性突破，加快医疗责任险、环境污染责任险实施进程。

如科技创新保险。① 经济的发展，一定程度上取决于资本投入量和资本配置的效率。由于浙江在建设中存在信息不对称等金融障碍，这些客观存在的金融障碍增加了社会资源配置的困难，加大了配置失误的概率。保险改革创新，需要积极发挥风险治理的专业优势，发挥其储蓄动员、便利交易和信息积聚的优势，推动社会资本高效配置。例如，技术创新项目的风险一般是很大的，如果由创新者依靠自己的

---

① 2010 年浙江省保监局助推重大技改创新，联合省经信委试行首台（套）产品质量险，为企业开展重点项目科研攻关提供风险保障，首批确定 100 家高新企业作为试点单位。

内部融资进行开发和运用，既使创新者面临资金积聚的困难，又使创新者承担全部风险，这显然会阻碍人们对创新项目的投资。保险公司为技术创新项目提供科技创新保险，则可以加速资金积聚，也使得创新项目的特殊风险在参与项目投资的多家金融机构之间进行分散，有助于鼓励社会对技术创新的投资，减少风险给社会带来的负面影响。

又如海洋保险。海洋经济相对于陆地经济而言，发展的过程中可能遇到的自然灾害、意外事故更多、更复杂，更迫切需要商业保险提供风险保障。服务海洋交通运输业、海洋船舶工业的有船舶险、货运险、环境污染责任险，服务海洋渔业的有渔船保险、海产养殖保险、渔民保险，服务海洋油气业、海洋矿业、海洋盐业、海洋化工业、海洋生物医药业、海洋电力业、海水利用业、海洋工程建设业的有企业财产保险、工程险、产品责任险，服务滨海旅游业的有意外险、旅行社责任险，等等。浙江海洋经济的建设，离不开涉海保险的支持。需要加强涉海保险基础建设，加大资源整合力度，加深国际合作，提高服务水平；加快涉海保险产品创新，完善传统涉海保险，拓展新型涉海保险——运输人赔偿责任保险、仓库责任保险、航运港口营运保险等，提高海洋保险核心竞争力；同时，需要进一步提升涉海保险风险管控，健全风险评估体系，完善专业技术。

再如责任保险。责任保险对公共风险治理有辅助作用，是保险参与构建公共风险防范体系的重要渠道。责任保险是依托政策的险种，要变寻找政策为推动政策，优化政策环境。责任保险是"十二五"时期地方政府的重要施政动向。如 2011 年新疆维吾尔自治区政府启动了安全生产责任保险统保工作；山东省政府做出决定，"十二五"期间在全省全面建立火灾公众责任强制保险；陕西省安监局下发通知，在全省范围内启动安全生产责任保险，同时明确高危行业企业不投保险不准开工；等等。在加强公共风险治理的大背景下，各地类似的举措将密集出台，我国责任保险将迎来大发展。浙江省保险要增强把握市场动向的敏锐性，加强与政府相关部门合作，积极开拓与公共安全体系建设有关的责任保险业务，深度参与政府和市场相结合的社会矛盾化解体系建设，努力使责任险扩大到环境污染、安全生产、征地拆迁、医疗卫生、产品质量、高危行业等各个领域，尽可能通过经济补偿形式遏制矛盾多发态势，缓解剑拔弩张的社会关系。保险积极参与环境保护专项行动，探索在石油、化工、印染、水泥、造纸、皮革、火力发电、煤气、核燃料生产和有毒危险废弃物处理等环境污染严重、污染风险大的行业建立环境污染责任保险机制，引导城市建设、公用事业和商业企业参保环境污染责任保险，逐步拓宽环境污染责任保险的覆盖面，辅助政府治理与化解由环境污染引发的社会矛盾问题，促进城乡生态化建设。加大特色责任险品种推广力度，不断扩大旅行社责任险、安全生产责任险、职业责任险、产品责任险、特种设备责任险等的市场覆盖面。

保险产品创新，保险监管部门也应有所作为。保险监管部门需要鼓励、引导、支持、保障保险产品创新。鼓励、引导保险公司发挥保险产品创新的积极性；在创新资金、创新人才、创新政策、创新制度上支持保险公司强化保险产品创新机制建设；组织浙江省保险理论和实践部门多沟通、多研讨，为推动保险产品创新提出建设性建议和设计方案；强化监管部门的调研能力，积极推出保险产品创新保护的办法，依法保障保险创新主体的合法权益。

三　保险服务的创新

保险协同公共风险治理，需要保险服务创新。对于公共风险是否可以承保，从技术属性上看，主要依赖保险的风险治理能力和风险治理技术。对风险的认识只是保险创新的第一步，保险服务创新的核心是提升保险的风险治理能力和风险治理技术，加强与社会机构和政府部门如卫生、气象、交通、教育、旅游、防疫、科技、安监等部门进行沟通，建立起风险信息流通机制和风险治理合作机制，推动风险生成信息、风险变异信息和风险治理信息多元融汇系统的建设，并在此基础上形成风险治理合力，为社会提供防灾减灾商业化服务，提供风险预警、技术咨询、风险治理、理赔补偿等服务。保险公司长期从事项目风险评估，在信息的获得和分析方面具有一定专长和经验优势。保险公司积极运用信息处理方面具有的专业化的优势以及克服信息不对称障碍的特殊功能，为政府投资主体、社会投资主体的投资决策提供高效的风险咨询、风险治理、风险决策服务。对于公共风险是否可以承保，从经济属性上看，主要依赖保险精算。在保险精算下，没有经济效益但社会效益好的风险治理服务，一则可以由政府直接生产，二则可以由政府运用公共财政和公共政策，影响、改变公共风险在经济属性上的非经济性，由政府购买、补贴商业保险或者对商业保险给予免税、专营权等优惠政策来推动商业保险服务于公共风险治理。在这一情况下，政府和保险的合作，将创新诸多的政策性保险产品和法定强制性保险产品，也将推动保险为社会提供诸多的保险服务。

保险服务是保险参与公共风险治理、发挥保险社会功能和承担社会责任在行动、行为上的具体体现。保险展业、保险风控和保险理赔是保险沟通社会、治理社会、保障社会的主要通道。这些通道，最能体现保险治理风险、分散风险的能力和水平。保险展业、保险风控和保险理赔是保险服务主体与服务对象之间架构桥梁最重要的依托，具体体现了保险服务社会、协同公共风险治理的宏观服务能力、水平和微观服务制度、文化、氛围、态度、行为。当下，保险获得更多的协同公共风险治理的通道，在保险理念创新和保险产品创新上不断推进，新型商业性保险产品、政策性保险产品、法定强制性保险产品不断获得创新支撑，如果保险服务创新不积极跟进、不以服务细节保障保险创新的落实推进，保险创新就犹如养在居室里的花朵，只能孤芳自赏，无法远播保险的芬芳。在保险实践创新上，如果没有保险服务创新的推进，保险产品创新将缺失飞翔的翅膀，保险产品将最终失去紧贴社会、深入社会、保障社会的宽阔视野。

在保险市场充分竞争的情况下，一般商业保险的服务水平、服务质量，服务的专业化、人性化和个性化如何，自然有市场机制在调节。但在保险市场处于寡占垄断状态时，市场竞争尚未形成主流推动力，各个保险公司在自己的一亩三分地里有着稳定的经营，那么，保险服务各要素的价格机制就无法真实反映保险服务的水平、保险服务的质量。保险发展的高速增长之势，在一定程度上加剧了这一问题被湮没的状态。就保险创新协同公共风险治理而言，宏观的保险服务和微观的保险服务是在协同公共风险治理中必须受到特别重视的一个问题。例如，在新型商业性保险产品的推进过程中，保险服务本身不过硬，展业不规范、风控走形式、理赔不轻松，保险本身过往的社会信誉和社会形象如果有问题，新型商业性保险产品的推广就会受到影响，其公共风险的治理功能就要大打折扣。在保险服务领域，也存在"塔西佗陷阱"，保险公司的服务诚信、服务专业化有问题，社会对新型保险产品的认同度就不可能高到哪儿，毕竟，所有的保险产品最终都要落实在保险服务上，都是靠保险服务来保障、来实现。虽然政策性保险产品和法定强制性保险产品这两类保险产品获得了政府的财政、税收方面的优惠或者政策支持，但这两类保险，一是也难免受"塔西佗陷阱"的影响，保险服务的质量间接影响到公共风险的治理功能；二是这两类产品要经受更大的来自社会方面的压力和来自政府方面的压力。2010年保险承保绩效显示，各保险险种承保利润率依次为：保证保险（35.96%）、特殊风险保险（34.98%）、船舶保险（19.02%）、货运险（17.87%）、农业保险（9.94%）、信用保险（6.96%）、家庭财产保险（4.80%）、意外伤害保险（2.64%）、机动车辆保险（2.51%）、责任保险（-2.35%）、健康险（-3.16%）、企业财产保险（-5.52%）、工程保险（-18.01%）。[①] 保证保险、农业保险、信用保险、机动车辆保险都属于效益型的险种，并且也获得了诸多公共资源的扶持，是各保险公司争相发展的险种，保险内竞争颇为激烈；其展业、风控、理赔过程中难免乱象丛生，而保险服务及其社会效果如何评估目前也缺乏有效的制度。同时，由于上述两类保险获得了诸种公共资源的扶持，来自社会和政府的力量无疑会介入整个保险服务的流程，稍有风吹草动就会引起轩然大波，保险将面临新的认同危机。近两年交强险保险服务成为社会各界关注的焦点，就是极好的例证。因而，在保险发展过程中，如何加强保险的内部治理和外部引导，降低成本耗费、提升保险效率；减少对政府公共资源的依赖，特别是对公共财政资源的依赖；[②] 发展科学的治理技术和治理流程来降低道德风险；切实提升保险服务的专业化、人性化和个性化服务，这是保险协同公共风险治理必然面对、迫切需要解决的问题。加强保险服务创新是保险实践创新的当务之急。

[①] 吴焰主编《中国非寿险市场发展研究（2010年）》，中国经济出版社，2011，第57、162页。

[②] 从交强险的发展历史来看，以法律规则扶持商业保险转化为强制保险，是近十年机动车辆保险费激增的关键因素。保险的潜在需求转化为现实需求，从转化的推动力来看包括市场自然力、公共资源（包括公共政策和公共财政）引导力和法律规则强制力。在协同公共风险治理的新视野下，为了推动保险参与公共风险治理，更需要公共资源引导力和法律规则强制力，但基于保险对政府公共财政资源的依赖可能产生的道德风险和社会压力，从保险长期的健康发展来看，保险应该加强服务创新，在争取更多的法律规则强制力扶持的同时减少对公共财政资源的依赖。

首先，保险服务创新应重视"三位一体"的建设：保险展业服务、保险风控服务、保险理赔服务创新以服务为本位、以需求为本位、以专业为本位。展业、风控、理赔是传递保险服务价值的三大环节。保险服务的社会价值是"保"出来的、"赔"出来的。保险展业、风控、理赔环节的保险服务如何，直接影响保险的社会认同度和美誉度。忽视了展业服务、风控服务、理赔服务任何一环，保险将无法科学发展。目前，整个保险业内存在一些现象和做法：重展业服务，轻理赔服务，更轻风控服务。风控服务、理赔服务往往不实际、不专业、不规范、不细致、不贴心、不周全。作为一个专长于提供风险保障服务的特殊行业，如果轻视、无视风控服务、理赔服务，也就难以持续性地赢得更为深广的保险市场。当前，保险协同参与公共风险治理最为紧迫的工作是强化保险服务的本位建设：在保险服务环节，无论是在展业环节还是在风控环节、理赔环节，都应该以服务为本位、以需求为本位、以专业为本位。（1）以服务为本位。保险属于金融服务业，保险服务是其基本手段，也是保险价值的实现途径。从市场行为角度看，保险为社会供给的是保险服务，社会获得的是保险保障。立足保险服务、完善保险服务是保险服务创新的必然选择。保险服务包含保险的浅层服务和深层服务。保险服务的便利、快速、周全是社会最易感知的因素，属于保险的浅层服务；诚信、专业、合规事关客户的实质利益，属于品质方面的深层服务。保险创新，不仅需要努力改进浅层服务，提高服务的便利性、快捷性和周全程度，而且需要致力于弥补深层服务上的缺陷，切实提升保险服务的诚信度、专业化和合规化，提升保险公共风险治理的保障能力和治理能力。（2）以需求为本位。在保险改革中，不仅保险产品创新、保险资金运用创新需要以需求为本位，保险服务创新同样必须以需求为本位。保险在保险展业、保险风控和保险理赔环节，应积极把握社会发展变迁过程中人们多层次的保险服务需求：目前，社会上对风险控制服务的核心需求是对专业化风险管控的需求；此外，社会对人性化，甚至是个性化的风险控制服务的需求也越来越明显。这一社会需求给保险协同公共风险治理带来了极大的挑战和机遇。以社会需求为本，是保险服务在经济转型、社会转型期最为根本的发展之路。对专业化的风险管控需求，要求保险服务必须紧贴转型期的私人风险和公共风险，提供专业化的治理路径、治理技术和治理方案，能高效缓解私人风险和公共风险对公众、社会、政府的冲击，化解私人风险、公共风险带来的矛盾和破坏力。人性化和个性化的社会需求，则要求保险创新供给保险服务，不能所有的同一险种产品都是千人一面，缺失个性化保障和满足。保险服务要重视创新，以创新推动服务的人性化，以创新推动服务的个性化、差异化发展。（3）以专业为本位。专业化服务是社会对风控服务的最基础的要求，也是保险产业发展的基础。整体来看，保险就是风控服务专业化、规模化、市场化的体现。虽然过去三十多年中国保险取得了高速发展的骄人业绩，但保险服务的专业化服务还有待于进一步推动。在展业、风控和理赔服务上，保险服务在服务的主体、服务的环境、服务的内容、服务的评估、服务的程序、服务的供给模式等方面存在着一系列不实际、不周全、不规范的问题，这都是保险服务不专业的具体体现。中国整个保险业的保险服务专业化之路还很漫长，特别是经济转型、社会转型阶段，在大环境下，是在温水式的环境中散漫悠游，还是在转型冲击中保持落寞，抑或是乘风破浪、迎头赶上，这不仅是保险监管部门面临的选择，也是保险各个市场主体面临的一个重要选择。从参与公共风险治理角度考虑，保险应立足本位，做好"专业化"，紧贴私人风险和公共风险，为人民群众和社会提供专业化的保险技术、保险方案和保险服务。在这一基础上，不断完善保险服务的人性化和个性化建设，以专业化的保险服务保障和推进保险服务的人性化和个性化。

其次，重视微观服务创新。"三位一体"是保险服务宏观创新的方向，是保险服务的灵魂和宗旨。保险服务创新，不仅需要推动保险服务的宏观创新，也需要推动微观服务的创新。在以服务为本位、以需求为本位、以专业为本位"三位一体"的指导下，具体保险展业、保险风控和保险理赔环节的理念、制度、文化、氛围、态度、行为，都需要进一步改革创新。（1）在保险展业环节，对于创新保险微观服务参与公共风险治理，全国各地包括浙江省都有一些创新举措，普遍的做法是"政府搭台，公司唱戏"，政府做好硬件保障，提供保险展业场所和做好保险宣传；而保险公司则负责保险软件的供给，做好保险展业人员配备、协助保险产品的推广等工作。就展业环节而言，目前来说，保险微观服务创新协同公共风险治理的创新力度还有待于进一步加大：展业创新的空间过于限缩在政保合作型产品的推广环节；展业创新的自主性还不够，行业的惰性比较严重；展业环节的制度性创新不够，在如何解决透明化展业的问题上，目前仍然没有模式上、制度上的创新典型。（2）在保险风控环节，如何供给风控服务，协同公共风险治理，浙江保险实践一直都在探索创新：例如，2010 年 8 月，建德市商业保险参与医疗保险治理，市政府与人保健康浙江分公司签订城镇职工大病医疗保险合作协议，将城镇职工基本医疗保险重大疾病补助基金委托该公司治理。这一过程中，人保健康浙江分公司建立网络跟踪分析机制和医疗机构巡查机制，参与理赔单证审核、窗口接待服务和后台资料治理等工作，协助医保经办机构在日常工作中加强过程治理，加强风险审查和流程控制等。保险公司提供专业的风险治理服务，监管医疗保障基金的运行风险；借力保险公司的风控服务，政府只需承担监督治理职能，在不增加成本投入的情况下解决了人力资源不足、治理手段有限、监管机制不活等问题，提升了医保经办机构的专业治理水平和服务效率。（3）在保险理赔环节，需要重点解决的是保险理赔难的问题。在保险服务过程中，如果理赔程序烦琐复杂，核损流程耗时耗力，核损技术难以量化，理赔材料阻碍重重，理赔成为群众之痛，那么，保险协同公共风险治理将缺失其应有的社会效益。如何解决理赔难，浙江保险实践中涌现诸多创新举措。在核损技术标准化方面，如 2009 年浙江省余杭区在政保合作过程中，应用气象定损新技术，构建水稻保险气象理赔指数。该技术可依据实时气象资料，在灾后 24 小时内制作完成水稻灾损定量评估结果，及时提供各个自然村的灾损数据及地区灾损分布图。这一核损技术的创新，有效解决了水稻大灾理赔时效低、理赔成本高、道德风险大等问题。而在优化理赔程序上，2010 年 6 月，苍南县 11 家财险公司共同参与设立了"苍南县交通事故快速处理服务中心暨集中定损中心"，负责苍南县交通事故集中定损、小额案件快速理赔工作。这一中心的运行，借力交警部门事故认定的力量，既简化了交通事故认定程序和赔偿程序，有效降低了保险理赔中的道德风险；又助力交通事故处理流程的优化，极大提高了交警部门快速处理路面事故的能力，是保险服务非常便民惠民的创新举措。在保险服务创新方面，保险需要高度重视保险服务微观服务创新，将保险服务向保前、保中、保后纵深推进，使广大的人民群众认同保险、亲近保险、乐于保险、倚重保险、信赖保险并乐享保险。

最后，重视保险服务的合规建设。专业化服务是保险服务能力、保障能力、参与能力的核心；人性化服务、个性化服务是保险服务发展的未来趋势，而合规化服务则是保险服务生存、发展的基础。微观上，保险治理个人风险和公共风险，如果服务不合规，无疑增加了保险服务自身的风险，损害保险的社会形象。如在保险展业环节，保险服务合规建设，需要重点解决的就是展业欺诈。近几年，随着保险的粗放式快速扩张，展业欺诈屡禁不止。根据网易财经对 2011 年中国保监系统下产生的上千个罚单的统计，展业欺诈行为在寿险违规行为中的占比超过 50%。[①] 另据搜狐网对保险投诉的盘点分析，2010 年银保误导的投诉量约占人身保险总投诉量的 1/3，2011 年增加到接近半数。[②] 频频发生的展业欺诈严重影响保险的社会认可和社会形象。展业欺诈这一违法行为的产生，既与保险从业道德风险有关，也与保险服务培训不到位、服务教育缺失、服务治理粗放等密不可分。[③] 为了有效治理展业欺诈，一方面需要保险内部加强自查自纠，从合规经营这一根本途径入手，严格规范保险展业行为，减少展业欺诈的发生。例如，作为外资寿险公司的领军者，友邦保险公司 2011 年实现了零罚单，这与公司重视合规经营分不开，而公司内在的合规文化和合规治理机制为公司长期坚持合规经营提供了有力保证。友邦保险中国区合规部每两周推出一期电子期刊《合规之声》，帮助员工学习合规知识。2011 年，友邦举办了第一届"合规周"活动。活动期间，最高治理层与全体员工分享了各自对合规的理解，通过生动的案例以及简单易懂的图片和语言，向员工传达合规理念。与此同时，它设置了以"合规"为主题的设计/摄影大赛、知识竞赛等环节，让每一位员工都参与进来，在互动中了解、理解和支持合规。可以说，保险公司合规文

---

① 《2011 年中国保险罚单排行榜》，网易财经，http：//money. 163. com/special/2011fadan。

② 《"保险投诉绿色通道"2011 年投诉盘点》，搜狐网，http：//money. sohu. com/s2012/2012baoxian315。

③ 罗忠敏、王力：《中国保险竞争力报告 2002—2013》，社会科学文献出版社，2013，第305 页。

化和合规治理制度的建设是公司合规经营最为有力的支撑和保障。另一方面，保险服务的合规经营也迫切需要保险监管力量的加强。虽然保险监管转向以保险公司财务偿付能力为主要内容，但对保险微观服务行为的合规监管在目前仍然非常重要，也非常有必要。保险监管者扮演着保险专家和公众仲裁员的角色。[1] 行政监管仍然是合规监管主要的监管方式。[2] 从监管的实效看，目前我国保险微观服务行为的行政监管尚存在不足，就其合规性而言，应加强保险微观服务行为的专业监管，建立诉调对接机制和报告机制；强化协同监管，推动司法机关、仲裁机关、消费者权益保护协会、保险学会等协同参与监管；对于涉及诉讼、仲裁的保险微观服务行为，责成保险公司主动报告；监管部门对各保险人保险微观服务行为涉及诉讼、仲裁的统计数据应主动向社会公开，而不是将这一数据作为涉密信息不予以公开，以推动保险人加强保险微观服务行为合规化建设。

---

① 曹兴权：《保险缔约信息义务制度研究》，中国检察出版社，2004，第40页。
② 参见王海明《我国保险格式条款行政监管比较研究》，《保险研究》2010年第10期。

第五章
保险协同治理的地方实践

一 保险协同治理的省域实践

政府主导、多元协同治理公共风险是"中国梦"在公共风险治理领域的具体实践。当前,公共风险治理的外部环境发生了深刻变迁,诸多社会公共问题,集中体现出三个变迁特征:风险的人化、风险的制度化和风险的公共化。对公共风险的回应、治理成为政府治理的首要工作。保险业作为风险治理市场化、专业化、技术化发展起来的产业,其治理的风险是具有大数性、外部性、偶发性、补偿性的可保风险。从回应性来看,保险是公共风险治理的创新工具;保险业拥有专业、丰富的公共风险治理技术,是政府回应、治理公共风险需要大加倚重的社会力量。

在浙江,推动、保障整个社会文明转型成功是浙江建设的必由之路,在具体推进浙江新型工业化、信息化、城市化、农业现代化建设过程中,对浙江在社会建设、政治建设、文化建设、环境建设领域生发的公共风险的治理，不仅需要保险业在保险机构、保险资金、保险产品、保险服务、保险技术方面勇于创新，通过推动保险市场的完善来强化公共风险的商业化治理；而且也需要政府在主导公共风险治理过程中，将保险治理公共风险的理念渗透到政府的过程治理和制度治理中，借力保险的治理理念、治理技术等保险资源，供给公共资源和公共政策，丰富政策性保险和法定强制保险，引导、推动保险业在民生保障、灾害救助、制度风险治理、环境风险治理、邻避风险治理等领域进行保险资金运用创新、产品创新、服务创新，引导、鼓励、推动、保障保险业积极参与到浙江建设公共风险治理活动中。就过往的浙江建设的经验而言，对于以权利公平、机会公平、规则公平为主要内容的社会公平保障体系的建设，城乡社会保障体系的统筹建设，基层公共风险治理和服务体系建设，重大决策社会稳定风险评估机制的完善，公共安全体系的完善，安全生产责任体系的强化，食品药品安全监管的强化，社会治安防控体系的建设等诸多方面存在的公共风险，保险业通过保险资金运用创新、保险产品创新、保险服务创新，积极接驳、参与到这些公共风险的治理活动中，助力公共风险治理创新，积累了丰富的创新协同公共风险治理的实践经验。

（一）创新治理平台，协同公共风险治理

1. 创新保险服务社会民生示范区

从 2009 年 10 月开始，浙江保监局与景宁畲族自治县签署合作备忘录，建立保险服务社会民生示范区，积极创新治理平台，积极引导保险业协同公共风险治理。浙江省丽水市景宁县，是全国唯一的畲族自治县和华东地区唯一的少数民族自治县，被誉为"中国畲乡"。这里风景秀美、民风淳朴，虽然经济欠发达，但在保险服务民生方面走在了前列。2009 年浙江保监局与景宁县合作，建立了全省首个保险服务社会民生示范区。县政府每年安排不少于 200 万元的保险服务民生专项资金用于购买政策性保险服务。在浙江保监局指导下，保险服务社会民生示范区建立伊始，保险公司围绕"三农""民生""民安""民富"四项计划研发特色产品和服务，启动了农村户籍人口（学生除外）意外伤害保险、个体工商户创业创新保险、新农合补充医疗保险、户外体育健身设施投保公众责任险 4 个政保合作项目。随着最初几大签约项目的逐步推进和深入人心，景宁县政府又先后将一些已经成功运作多年的保险项目纳入保险服务民生工程，引导保险业为当地经济社会发展服务。景宁县"政银保"开创性运用保险机制，破解贫困农户创业融资难的困局。这一创新是丽水保险协同公共风险治理的成功典范。

2011 年，景宁县政府利用省帮扶资金，在全国首创了"政银保"项目，扶持低收入农户申请创业信用贷款。这一项目中，政府对低收入农户贷款全额补贴基准利息，同时以农户贷款金额的 2% 向保险公司投保。保险公司为农户贷款提供小额贷款保证保险，承担 70% 的风险损失。金融机构则负责农户贷款的具体金额，发放贷款并承担 30% 的风险损失。"政银保"在尊重金融服务供给规律的基础上，由政府运用公共财政为融资难的贫困农户购买创业保险。"政银保"通过政府财政购买保险的机制，将金融机构承担的信贷风险大部分转移给保险公司，从而增强了贫困农户的融资信用，提升了贫困农户的融资能力，破解了贫困农户融资难、创业难的困局，实现了由"输血式"扶贫向"造血式"扶贫的转变。

"政银保"是丽水保险服务民生的一个成功典范。这一项目中，政府主导有力。在浙江欠发达山区，农村发展融资难是金融产品、金融服务市场供给机制长期运行形成的问题。这一问题的根源不在于供给机制的市场化，而在于农村金融供给成本高、风险大。如何从根源上破解，满足农村发展日益增长的资金需求，"政银保"提供了政府主导、创制增信的范例。政府从降低金融机构融资风险的角度，对有融资需求的贫困农户全额贴息、出资投保，为金融机构的基本权益提供了双保障，激发了金融机构的积极性。同时，政府摒弃了传统行政中经常出现的大包大揽，引入商业保险，将农户的融资风险转由保险公司来承担。借力保险，化解风险，是保险协同公共风险治理的一大创举。这既十几倍地提升了财政资金的放大效应，又降低了政府自身的风险。"政银保"创新试点以来，之所以成功，关键在于政府借力保险，恰当地发挥了政府行政的主动性和主导性。同时，"政银保"创新风险具有可控性。在金融创新实践中，一个不可回避的问题是创新风险的治理。创新风险可控，将确保创新项目的成功。就"政银保"而言，这一创新存在诸多风险，如法律风险、财政风险和信贷风险。这些风险的管控，具体体现为"政银保"项目的制度化建构。(1)法律风险的破解。创新往往需要突破一定的现成制度。"政银保"项目中，最大的法律障碍是承保的保险公司不享有开发小额贷款保证保险的权限。在景宁县政府、省有关主管部门和中国人保财险公司的共同努力推动下，承保的人保财险公司从总公司获得试点权限，"政银保"推进的法律风险得以成功破解。(2)财政风险的化解。在"政银保"项目中，政府全额贴息、出资投保，政府承担一定的财政风险。这一风险的化解，需要从制度层面来设计，确保政府财政资金对这一项目的投入有稳定、持续、充足、专项的保障。景宁县政府利用省里的专项扶贫资金，设立农户发展扶贫贷款专项资金，并对这一资金进行专项治理。这既为"政银保"项目的推进提供了充足的财政保障，又实现了扶贫资金的创新运用。(3)信贷风险的管控。农户信贷风险如何,直接关系到"政银保"项目的可持续性。如果信贷风险过高,金融机构和保险机构就没有积极性,项目最终将难以推进。因而,农户信贷风险,需要创新具体的制度来管控。在这一点上,"政银保"项目的信贷风险管控可圈可点。首先引入规范的要素审查机制,将"农户""低收入""创业"作为三要素导入项目审核,明确项目的目标群体。其次引入了熟人社会的信用评估机制,农户创业计划的信贷风险如何,由村委把关。村委对农户情况最为熟悉,村委把关申请农户的信用评估,以熟人社会的信用评估机制解决了现代金融中的一个复杂问题,效率高、风险低。最后将信贷项目审核流程标准化、规范化、程序化。通过综合的风控机制,农户信贷风险整体可控。实践中,在"政银保"推行后的三年中,累计发放的贷款有 1970 笔,其不良贷款率为 0,信贷风险管控实效显著。

2. "商贸义乌"保险保障体系

义乌作为全国专业市场最为发达的地区之一,是浙江民营经济成功的样板和缩影。为助推义乌创建国际商贸名城,推动"浙江制造"升级为"浙江创造",探索保险参与商贸经济改革试点的有效模式,2010 年 4 月,浙江保监局与义乌市政府以"保险支持经济转型升级"为主题共建示范区,联手打造"商贸义乌""平安义乌""和谐义乌"等。紧紧围绕保险支持经济转型升级需求,建立商贸物流保险保障体系、平安建设保险保障体系、社会民生保险保障体系和保险发展环境保障体系。截至 2010 年上半年,中国小商品城集团出资为义乌 1 万余名常驻外商、30 万余名流动外商投保 22 万元/人的人身意外保险,通过引入保险机制改善义乌的国际贸易环境。同时,浙江保监局也将义乌作为机构综合改革试点地区,扶持义乌人保等有条件的支公司升格为分公司,提升保险机构服务义乌经济社会发展的综合实力。

保险业服务地方政府综合配套改革试点的平台创新，是浙江省保险业在保监局的引导下，积极参与地方经济社会建设、服务百姓民生的系统工程，为今后保险业更为系统地协同公共风险治理，积累了丰富的实践经验。

（二）创新拓展"三农"政策性保险

1. 创新推出政策性农业保险

农业是一个弱质性、低效益、高风险的产业，农业保险分散农业生产中的自然风险、市场风险，对保障农业的安全生产有着极为重大的意义，在很多领域和一定程度上，能有效解决政府通过其他手段和措施难以解决的问题。浙江省地处东南沿海，是全国自然灾害风险最高省份之一，自然灾害风险给浙江省农业生产和农民生活带来了严重影响。为有效解决广大农民"多年致富、一灾致贫"的问题，2006年，浙江省在全国率先启动政策性农业保险试点。浙江省政策性农业保险的开办模式：一是政府补贴、分层推进。通过政府补贴到户，增强农户参保意愿，并根据财政承受能力、保险公司可持续经营能力，先期以保大户、保大灾、保主要品种为重点，逐步实现广覆盖的目标。二是利益共享、风险共担。保险公司按自愿原则加入共保体，通过共保体经营政策性农业保险。其中，人保财险浙江省分公司为首席承保人。三是搭建网络、提升服务。由共保体负责，基本形成"乡乡镇镇全覆盖""村村都有指导员"的农村保险服务网络，用以推动保险工作的开展和农业生产技术的指导。多年来，浙江省保险行业充分发挥保险公共风险治理的职能，政策性农业保险在各种自然灾害中发挥了重大作用，促成了覆盖全省的农业抗灾救灾新机制。

2. 创新推出政策性农村住房保险

2006年底，在浙江省政府的组织领导下，政策性农村住房保险在全省范围内开始全面实施，实施情况被纳入各级政府社会主义新农村建设考核范围。浙江省政策性农村住房保险的开办模式：一是农户缴费、政府补助。除温州、台州、舟山、丽水每户农户缴费 5 元，政府补助 10 元外，杭州等其他地区均为每户农户缴费 3 元，享受政府补助 7 元。二是责任较全、标准较高。保险责任包括了除地震以外的所有自然灾害和意外事故。赔付标准最高每户 18000 元、每间 3600 元，与每户 3~5 元的保费支出相比，保险保障的放大效应约为 6000 倍、3600 倍，保障力度在全国是最大的。三是公司运营、赔付快捷。人保财险浙江省分公司是政策性农房保险的独家承办人，具体经营这项涉农保险的日常业务。公司承诺接到报案后，在第一时间上门查勘定损，并在达成协议后的 3 个工作日内支付赔款。

该项工作的制度设计以"保障灾后重建家园、恢复基本生活"为目标，按"政府补助推动+农户自愿交费+市场经营运作"的原则开展，具有鲜明的普惠性特点，农户灾后重建能力得到显著提升。

3. 创新参与新型农村合作医疗制度

新型农村合作医疗制度（以下简称"新农合"）是新形势下建设社会主义新农村的重要工作，是切实解决"三农"问题、统筹城乡发展的重大举措。2003 年，中国人寿台州分公司以第三方治理形式，积极参与全市新农合试点工作，探索出了"台州模式"。台州保险业参与"新农合"的开办模式：一是政企合作、责任明确。地方政府购买保险公司的专业服务实现公共治理功能，保险公司提供具体经办治理服务，建立起"征、管、监"相分离的运行机制。二是运作专业、信息共享。保险公司利用自身的服务网点和治理平台，发挥商业保险灵活高效的用人机制，开发了新农合电脑治理系统，与定点医院建立互联互通的网络平台，实现了治理自动化、补偿信息化和服务专业化。同时，基于精算优势，建立农民医疗数据库，为动态调整基金缴付方案提供了测算依据，确保新农合试点稳步推进、健康发展。三是高效便民、深入人心。保险公司运用实用高效的电脑网络系统，简化报销补偿手续，提高了治理服务的质量和效率。同时，借鉴商业服务运作模式，在农民患病和住院期间，开展慰问、探视、帮扶等活动，提高农民对"新农合"制度的满意度。

4. 创新推出政策性农民自主创业保险

嘉兴市人民政府于 2008 年 7 月下发《关于在市本级开展政策性农民自主创业保险试点的实施意见》，在秀洲区范围内正式启动政策性农民自主创业保险的试点工作。政策性农民自主创业保险的开办模式：一是政府推动、市场化运作。坚持以扶持初创、低保费保障、可持续发展为原则，以创业农民自愿参保、政府补助推动、保险公司市场运作为方针。二是宣传发动、完善考核。秀洲区政府召开政策性农民自主创业保险工作动员大会，区政策性农民自主创业保险试点工作协调小组全体人员、各镇分管领导参加了会议。会上明确任务、落实责任、规范操作，确保此项工作顺利开展。会后出台了考核办法。三是完善体系、提升服务。建立政策性农民自主创业保险专人负责制，建立理赔巡回机制，每月两次有理赔人员到乡镇接受农民有关保险知识、保险理赔等方面的咨询，对出险案件快速理赔，不拖赔，不惜赔。

（三）创新参与平安建设

1. 创新推动交强险费率"双挂钩"机制

2010 年 8 月，保监会、公安部批复同意浙江实施交强险费率与严重违法行为联系浮动，浙江省交强险费率改革走出了从原先的与出险率"单挂钩"到同时与交通违法行为"双挂钩"的创新试点之路。浙江省交强险费率"双挂钩"机制以"奖优罚劣"为原则,通过保险机制,提高严重交通违法行为成本,有效增强全民交通安全意识,充分发挥出保险业的公共风险治理功能。

浙江省交强险费率"双挂钩"的开办模式:一是奖优罚劣、上下浮动。为了鼓励安全驾驶,减轻大多数守法公民的保险成本,对上一个保险年度、连续两个保险年度或连续三个(含三个)以上保险年度无交通违法行为记录的车辆,续保时费率由基准费率分别下浮10%、20%和50%。而对7种严重交通违法行为分为3个层次,每次分别上浮100%、50%、10%。二是惩教结合、以人为本。体现教育与惩治相结合原则,对初犯和屡犯的情况进行区别处理。对上一个保险年度、连续两年和连续三年(含三年)以上有这7类严重交通违法记录的,费率上浮最高分别不超过150%、200%和300%。三是盈利上缴、彰显公益。浙江省每年由审计部门对上年度交强险运行情况进行审计,审计结果定期向社会公布。如因费率联系浮动产生交强险盈利的,盈利部分全部被纳入道路交通事故救助基金。

2. 创新推动医疗责任保险

2006年,湖州市率先试点开展医疗责任保险工作,随后该项工作在全省范围内逐步铺开。2010年1月,浙江省政府下发《浙江省医疗纠纷预防与处理办法》,要求各市、县(市)的公立医疗机构应按有关规定参加医疗责任保险,非公立医疗机构自愿参加,为医疗责任保险的扩面提供了政策支持。浙江省医疗责任保险的开办模式:一是科学计费、动态调整。按各医疗机构的床位数和医务人员数量计算保费,按医疗机构的级别设置不同级别的最高赔偿额。同时,设计"奖优罚劣"机制,按医疗机构上一年度的赔付情况,动态调整下一年度的续保保费。二是快速理赔、减少环节。特别设置万元以下的"小额赔付"机制，对于一般的医疗纠纷可以通过调解，让双方在医院"自行和解"。三是专业调解、化解纠纷。由各地司法局指导成立医疗纠纷人民调解委员会，负责医患纠纷的调解和化解工作，保证纠纷调处工作的中立性和公立性。四是完善体系、提升服务。由保险公司专门成立项目领导小组和日常服务小组，提供优质的保险理赔服务，确保赔款确定和支付工作能够畅通顺利。

3. 创新试点校（园）方责任保险

2006 年，浙江省教育厅和浙江保监局联合下发《关于积极推进校（园）方责任保险工作的通知》，在全省范围内开始推广校（园）方责任保险。2008 年，省教育厅、省财政厅和浙江保监局联合转发《教育部 财政部 中国保险监督治理委员会关于推行校方责任保险 完善校园安全伤害事故风险治理机制的通知》，进一步推进该项工作在全省的开展。浙江省校（园）方责任保险的开办模式：一是学校缴费、学校获偿。学校按中小学每生每年保费 5 元、高校每生每年保费 8 元的标准缴纳保费。每所学校每生每年赔偿限额 40 万元，每所学校每次事故赔偿限额 500 万元。二是权责明晰、环节顺畅。在发生保险责任事故后，学校应立即对受伤人员进行救治，保护现场，并向当地校（园）方责任保险工作治理部门报告，由校（园）方责任保险工作治理部门通知保险公司。保险公司接到报案后，在第一时间赴现场勘查，审核学校提供的与赔案有关的各种资料和证明，定责定损，出具理赔意见，最后根据协商、仲裁或诉讼的结果进行理赔。三是"三级通道"、高效快捷。学校发生学生伤害事故后，可以通过绿色通道、市级通道、省级通道"三级通道"迅速得到理赔。

4. 统筹承运人旅客责任保险

2004 年浙江省下发《关于组织实施全省营运客车承运人责任保险制度的通知》，成为全国首个依法落实承运人旅客责任保险的省份。统筹承运人旅客责任保险，实现了乘客、企业和政府三赢的局面，减轻了各级政府在道路交通事故处理中的财政支出压力，使得包括中小客运企业班线和农村客运班线在内的事故受害人都能及时得到保险赔偿，充分发挥了保险的经济补偿和公共风险治理功能，为构建和谐浙江做出了积极贡献。统筹承运人旅客责任保险的开办模式：一是政府搭台、市场运作。由浙江省道路运输行业协会搭建全省企业平台，实现对全省客运企业资源的全面整合、组织统筹。统筹项目的具体经营则委托专业公司。二是中介牵头、公司共保。浙江共安保险经纪有限公司负责先期调研、数据测算、定制保险方案、拟订保险费率，并牵头公开招标选择保险公司进行共保。三是创新模式、灵活有序。创新共保体运作模式，由经纪公司操作，保险公司前台各自签单承保，后台合约分保，既保证了企业的自主选择权，又实现了项目的统筹稳定。四是提升服务、共同完善。根据运输企业安全治理、赔付情况，全面实施差异化的保险费率。每年组织各种层次的企业风险治理座谈会，共同搭建和完善全省客运企业保险信息与风险治理平台。

5. 旅行社责任保险

2009 年，国家旅游局下发了《关于开展 2010 年度旅行社责任保险统保示范项目的通知》，要求加快开展旅行社责任保险工作。按照文件要求，浙江省于 2010 年起正式启动旅行社责任保险统保示范项目。该项目以"政策引导、市场运作、政府推动、自愿参与"为原则推行，针对原有模式保障少、索赔难、赔付慢、保险服务不到位等问题,通过完善规章制度、充分利用市场手段、组织开展统保工作,最大限度满足旅行社化解风险的需求,在保障旅游者合法权益、保障旅游市场安全等方面发挥了积极作用。

浙江省旅行社责任保险统保示范项目的特点:一是组建共保体。引入保险经纪公司提供专业的保险经纪服务,以人保财险为首的 6 家财产保险公司组成共保体,开了国内外旅游保险业的先河。二是责任范围广。列明了 11 种常见或者难以界定的责任,明确了交通事故和食物中毒赔偿标准,扩展了旅行社工作人员意外险保障范围,提供了"有责延误、无责救助"的费用保障,此外还有 5 种附加险可供选择。三是保费设计灵活。为旅行社提供了 400 万~1500 万元多档累计赔偿限额选择,以及 20 万~80 万元多档每人次赔偿限额选择。同时,还设有 11 种费率调整因子,为众多小型旅行社提供费率优惠政策。四是保障手段完善。由各级保险调解员、法律专家、旅游行业专家、医学专家、保险公司代表和保险经纪公司代表组成调解处理中心和事故鉴定委员会,负责统保事故的调解和处理。同时,开通"400"全国服务热线,实施重大案件紧急救援、疑难案件先赔后追、一般案件小额快付等各项保障措施。

(四)创新推动社会保障体系的完善

1. 台州、温州补充医疗保险

新医改实施方案出台后,浙江省积极探索建立多元化医疗保障体系,人保健康浙江分公司抓住机遇、主动争取,积极开展与政府有关部门的合作事宜,充分发挥商业健康保险公司的专业化优势,在台州、温州开展试点,走出了一条以结合型医疗健康保险带动商业医疗健康保险发展的道路。

台州、温州补充医疗保险的开办模式:一是发挥优势、合作共赢。保险公司充分发挥人才、技术等方面的专业优势，通过专业化治理，不仅减轻了政府人员压力，而且改变了社保项目以往连年亏损的局面，使效率和保障水平均得到大幅提升。二是加强宣传、提升服务。保险公司经常性举办健康讲座、健康咨询，推出异地转诊、全国性合作医疗服务网络、诊疗绿色通道等服务，使参保人享受的医疗服务更加全面。同时，在缴费水平不变、医疗保障水平提高的基础上，参保人大额医疗保障水平逐年提高，最低保险金额 20 万元，最高保障不封顶。三是完善体制、风险可控。通过"合署办公、事中诊疗监控、事后费用审核"的具体措施，达到了风险控制的目的，社保业务运营效益良好，为政府建立了数额可观的重大疾病风险基金。四是试点先行、逐步扩面。选择条件较为成熟的台州市本级进行先期试点，随后将台州三区逐步纳入试点范围。经过两年试点，顺利承接了温州市社保补充保险项目，基本实现了基本医保与社保补充的一体化治理，参保人员的多元化保障，政府、专业健康险公司、定点医院的互利化合作。

2. 富阳大社保体系

2009 年初，富阳市委、市政府在全国率先推行大社保体系建设，并积极引入商业保险参与试点工作，构筑"职能整合、资源共享、优化服务、促进公平"的合作模式。商业保险参与富阳大社保体系的开办模式：一是政府组织、商业运作。市委、市政府专门做书面批示，将保险业参与富阳大社保体系建设纳入政府发文和实施方案。保险公司根据当地居民的医疗保障需求，推出与社保相补充和衔接的保险产品，进行商业化运作。二是保险补充、提高保障。保险公司在基本医疗保障基础上，专门开发合作医疗补充保险和工伤补充保险。合作医疗补充保险缴费标准为 50 元/（人·年），使合作医疗报销限额由 6 万元增加到 12 万元，住院报销比例增加 5%~10%；工伤补充保险缴费标准为 10 元/（人·月），最高可将工伤赔偿限额增加到 20 万元。三是服务升级、数据共享。由保险公司招募大社保协理员，承担宣传、咨询、调查和代理理赔等工作，并负责为大社保服务室配备专用电脑、打印机等硬件设施。保险公司主动对信息系统进行改造，开发专门的事务处理模块，实现社保医疗数据共享。

　　3. 杭州市上城区弱势群体综合保险

　　为构建"和谐社会"，加快商业保险融入社会建设的步伐，充分发挥商业保险在公共风险治理中的经济补偿和社会稳定器的作用，自 2009 年起，上城区政府与信泰人寿合作，在全区范围内开展弱势群体综合保险，为杭州市上城区辖内困难、低保、残疾人群等量身定做保险保障方案。上城区弱势群体综合保险的开办模式：一是定向参保、服务民生。以全区困难户、低保户、残疾人员和高危职业人员为对象，定向推出专门的团体重大疾病保险、团体意外伤害保险、附加意外团体医疗保险，保障额度从 2000 元/（人·年）至 5 万元/（人·年）不等。二是保费共担、体现关爱。保费的厘定遵循"三点一让"的原则，即由政府财政出一点、地方企业捐助一点、慈善机构募集一点，保险公司再在费率厘定上做一定下浮。三是增值服务、结对帮扶。由保险公司成立义务帮扶小组，与部分特别困难的被保险人结对子，并免费提供自主创业、风险防范等知识讲座。

　　4. 计划生育保险

　　计划生育保险是计生工作的重要组成部分，对于建立计划生育利益导向新机制有着积极作用。2007 年，浙江省计生委、浙江省计生协会和浙江保监局联合下发《关于进一步推进计划生育保险工作的意见》，按照"政府推动、政策支持、兼职代办、市场运作"的原则，探索建立计划生育保险浙江发展模式，推动了计划生育国策的落实，进而发挥了计划生育保险保障计生家庭的积极作用。

浙江省计划生育保险的开办模式：一是协同组织、共同推进。省计生委、省计生协会和浙江保监局建立工作联系制度，不定期商讨和协调有关计生险方面的问题，协调解决实际困难，共同推进计生险工作。二是政策扶持、政府补贴。省计生委和省计生协会就开展计生险出台了多项支持性政策，特别是鼓励各个地市建立多渠道的资金筹措机制。目前，各地保费来源包括各级财政补助、村集体经济和计划生育奖励等多种渠道。三是培育市场。浙江保监局和省计生委支持有条件的保险公司积极开展计生险，鼓励保险公司开展保险创新，打破原来一家公司垄断经营的格局。四是兼职代办、提供保障。保险公司与省计生协会签订兼职代办合同，各级计生协会负责计生险兼职代办的相关工作。保险公司为从事计划生育和计生险工作的计生联系员、计生协会秘书长落实养老、意外伤害等方面的保障，调动计生干部的工作积极性。

就浙江目前保险业参与公共风险治理的实际情况，横向来看，据有关专家①就全国保险公共风险治理功能指数进行的测算，浙江保险公共风险治理功能指数处于中等偏上水平；纵向来看，据初步统计，②2004年以来，省、市、县三级政府先后推出诸多政保合作项目，创新项目有59项，形成了保险业多层次、多领域、多载体参与公共风险治理的格局。具体见表5-1。

----

① 尹婵娟、王君彩：《保险社会治理功能指数建构与应用研究》，《中央财经大学学报》2012年第6期。

② 统计说明：省级参与公共风险治理的，则计入省级项目；县、区、地市推进有典型创新的，则列入统计，否则，县、区、地市的推进项目不予以列入统计；省级层面未予以统一参与公共风险治理的，县、区、地市创新时间在先的列入统计，在后者不予以统计，除非在后者在参与级别、参与载体、参与模式上有创新突破。

表 5-1 浙江省保险业协同治理典型项目统计

省级与各市	险种	时间（年）	领域	参与保险公司	级别 县	级别 市	级别 省	载体 保险资金	载体 保险产品	载体 保险服务	模式 协议型	模式 政策型	模式 法规型
省一级	承运人责任险	2004	承运人责任	人保财险、太保产险			省		保险产品			政策型	
	政策性农业险	2006	农业	共保体			省		保险产品				法规型
	政策性农房险	2006	农房	各保险公司			省		保险产品			政策型	
	计划生育险	2007	计划生育	各保险公司			省		保险产品			政策型	
	校（园）方责任险	2008	校方责任	平安产险			省		保险产品			政策型	
	医疗责任险	2010	医疗责任	各保险公司			省		保险产品			政策型	
	旅行社责任险	2010	旅行社责任	共保体			省		保险产品			政策型	
	金融支持战略协议	2011	海洋经济发展示范区	中国人保			省	保险资金			协议型		

续表

省级与各市	险种	时间（年）	领域	参与保险公司	级别			载体			模式		
					县	市	省	保险资金	保险产品	保险服务	协议型	政策型	法规型
省一级	养老机构综合责任险	2011	养老机构风险保障	浙商保险			省		保险产品			政策型	
	科技保险试点	2012	科技企业风险保障	人保财险和平安财险			省		保险产品		协议型		
	金丽温高速公路	2012	交通建设	太平洋保险			省	保险资金			协议型		
	甬台温铁路复线	2013	交通建设	太平洋保险			省	保险资金			协议型		
杭州市	弱势群体综合保险	2009	弱势群体综合保障	信泰人寿	上城区				保险产品		协议型		
	参与大社保体系建设	2009	大社保补充保险	中国人寿	富阳市				保险产品		协议型		

续表

省级与各市	险种	时间（年）	领域	参与保险公司	级别			载体			模式		
					县	市	省	保险资金	保险产品	保险服务	协议型	政策型	法规型
杭州市	参与医疗保障体系建设	2010	医疗保险治理	中国人保	建德市					保险服务	协议型		
	重大自然灾害保险	2011	重大自然灾害公众人身安全保障	中国人寿	建德市、淳安县、富阳市等				保险产品		协议型		
	城乡居民大病保险	2012	大病保险	人保财险	余杭区、龙湾区、文成县、龙泉市、柯城区、衢江区、开化县				保险产品			政策型	
	残疾人综合保险	2012	综合保障	中国人寿	滨江区				保险产品		协议型		

续表

省级与各市	险种	时间（年）	领域	参与保险公司	级　别			载　体			模　式		
					县	市	省	保险资金	保险产品	保险服务	协议型	政策型	法规型
杭州市	铁路东站配套设施项目	2013	交通设施	中国人寿		杭州市		保险资金			协议型		
宁波市	参与新合医疗	2004	农村医疗保障	中国人寿和平安人寿等	北仑区					保险服务	协议型		
	环境污染责任险	2008	环境污染责任	人保财险等5家保险公司	镇海区、北仑区和大榭区				保险产品		协议型		
	小额贷款保证保险	2009	信用保险	人保财险	慈溪市				保险产品		协议型		
	宁波绕城高速	2012	基础建设	中国人保		宁波市		保险资金			协议型		

续表

省级与各市	险种	时间（年）	领域	参与保险公司	级别			载体			模式		
					县	市	省	保险资金	保险产品	保险服务	协议型	政策型	法规型
温州市	村干部综合险	2007	村干部养老、意外伤害、医疗保障	中国人寿	文成县				保险产品		协议型		
	道路交通事故保险	2010	交通事故处理	多家保险公司	苍南县					保险服务	协议型		
	火灾公众责任险	2012	火灾公众人身安全保障	中国人保等多家公司组成共保体		温州市			保险产品		协议型		
嘉兴市	农村保险服务村	2007	农村综合保障	人保财险	嘉善县				保险产品		协议型		
	农民自主创业保险	2008	农民自主创业风险	人保财险	南湖区				保险产品		协议型		

续表

省级与各市	险种	时间（年）	领域	参与保险公司	级　别			载　体			模　式		
					县	市	省	保险资金	保险产品	保险服务	协议型	政策型	法规型
嘉兴市	新居民意外伤害险	2011	新居民人身安全保障	中国人寿	桐乡市和嘉善县				保险产品		协议型		
	高额补充医疗保险服务项目	2012	城镇职工高额补充医疗保险	太平洋人寿	南湖区、秀洲区、海宁市、平湖市、桐乡市、嘉善县、海盐县					保险服务	协议型		
	养生养老社区项目	2012	民生基础建设	平安集团	桐乡市			保险资金			协议型		
	高速公路建设项目	2013	交通建设	中国人寿		嘉兴市		保险资金			协议型		

续表

省级与各市	险种	时间（年）	领域	参与保险公司	级别			载体			模式		
					县	市	省	保险资金	保险产品	保险服务	协议型	政策型	法规型
湖州市	医疗责任保险	2006	医疗责任	人保财险		湖州市			保险产品		协议型		
	电动车第三者责任险	2009	责任险	人保财险	长兴县				保险产品		协议型		
绍兴市	平安创新投资基金	2008	资金供给保障	平安创投		绍兴市		保险资金			协议型		
	出口信用保险	2009	出口信用保障	中国信保	绍兴县				保险产品			政策型	
	环境污染责任险	2010	环境污染	平安产险		绍兴市			保险产品		协议型		
	杭绍台高速公路项目	2012	基础建设	中国人保		绍兴市		保险资金			协议型		

续表

省级与各市	险种	时间（年）	领域	参与保险公司	级别			载体			模式		
					县	市	省	保险资金	保险产品	保险服务	协议型	政策型	法规型
金华市	全风险覆盖出口信用险	2009	出口风险	中国信保		金华市			保险产品		协议型		
	专业市场保险	2009	专业市场风险保障	人保财险		金华市			保险产品		协议型		
	支持经济转型示范区	2010	商贸物流、平安建设、社会民生等	多家保险公司		义乌市			保险产品		协议型		
	推进义乌市贸易综合改战略合作协议	2011	投资业务、商贸物流、公共安全、社会民生	中国人寿		义乌市			保险产品		协议型		
	城乡医保第三方服务合作项目	2012	城乡居民合作医疗基金征管、理赔核对、结算操作	太平洋人寿		永康市					保险服务	协议型		

续表

省级与各市	险种	时间（年）	领域	参与保险公司	级别			载体			模式		
					县	市	省	保险资金	保险产品	保险服务	协议型	政策型	法规型
舟山市	中小企业贷款保证保险	2009	信贷保障	人保财险	定海区				保险产品		协议型		
	国内短期贸易信用险	2011	贸易融资保障	人保财险	定海区				保险产品		协议型		
	舟山新区建设投融资	2012	债权投资和股权投资	中国人保		舟山		保险资金			协议型		
	舟山大陆联岛工程	2012	债权投资	中国人寿		舟山		保险资金			协议型		
	国道改建工程	2013	交通建设	太平洋保险		舟山		保险资金			协议型		
台州市	新农合治理	2003	农村合作医疗保障	中国人寿	路桥区					保险服务	协议型		
	医疗责任险	2009	医疗责任	人保财险为首的共保体	温岭市				保险产品		协议型		

省级与各市	险种	时间（年）	领域	参与保险公司	级别			载体			模式		
					县	市	省	保险资金	保险产品	保险服务	协议型	政策型	法规型
衢州市	学生基本医保	2007	基本医疗保障	中国人寿、人保财险	柯城区				保险产品		协议型		
	能繁母猪保险	2008	政策性农业保障	人保财险	龙游县				保险产品		协议型		
	社会养老保险服务平台	2010	社会保障治理	中国人寿	衢江区					保险服务	协议型		
	新农合第三方托管服务	2011	社会保险治理	太平洋人寿	常山县和龙游县					保险服务	协议型		
丽水市	计划生育保险	2007	计生保障	中国人寿	龙泉市				保险产品		协议型		
	自然灾害责任险	2008	自然灾害	人保财险	景宁县和云和县				保险产品		协议型		

续表

省级与各市	险种	时间(年)	领域	参与保险公司	级　别			载　体			模　式		
					县	市	省	保险资金	保险产品	保险服务	协议型	政策型	法规型
丽水市	服务社会民生示范区	2009	民生综合	人保财险、太平洋保险、中国人寿	景宁县				保险产品		协议型		
	小额贷款保证保险	2011	扶贫小额贷款	中国人保	景宁县				保险产品		协议型		
	城乡居民社会养老保险	2012	民生服务	中国人保	龙泉市				保险产品		协议型		

注：县一级包括了县、县级市及市辖区。

二 保险协同治理的省域经验

浙江省保险业公共风险治理，有三个鲜明的特征。

其一是保险业参与的模式丰富，有"财政支持+多家保险公司联合共保"（如政策性农业保险模式），有"政府推动+共保体市场化经营"（如旅行社责任保险模式），有"财政支持+兼职代办+市场化运营"（如计划生育保险模式），有"政府引导+市场化经营"（如富阳大社保体系建设模式）。在这些多样化的参与模式中，保险业积极创新协同公共风险治理，保险治理公共风险的优势与政府治理公共风险的优势都有很好的发挥。

其二是保险业参与的领域广泛，涉及浙江建设的方方面面，从宏阔的涉农保险到微小的弱势群体保险。

其三是保险业参与的形式多样，在保险资金、保险产品、保险服务方面都有不断创新，在协同公共风险治理的创新道路上，保险业的创新能力得到进一步发挥，也获得了更进一层的提升。

（一）浙江省保险业协同公共风险治理的现实检思

保险业拥有丰富的保险资源和完备的保险技术，是协同公共风险治理重要的社会力量。整体看，浙江省保险业协同公共风险治理（以下简称"协同治理"）尚处于初期阶段，主要存在如下问题。

1. 协同格局零散

协同治理是一个综合、紧贴社会、涉及面广的工程，浙江各地政府积极推进诸多先行先试的创新做法，但除政策性农业险、政策性农房险、医疗责任险、校（园）方责任险、承运人责任险、旅行社责任险、计划生育险、出口信用险外，基本是在县一级层面针对一时一事零星开展，缺乏省市级、全局性、整体性、长效性的协同治理的创新举措。

2. 协同模式单一

协议模式是当前协同治理的主要模式。诸如杭州市上城区"弱势群体综合保险"、嘉兴南湖区"农民自主创业保险"、舟山"中小企业贷款保证保险"、宁波"环境污染责任保险"等，相关政府部门多依据公共风险治理一时一事的需求，推动保险业协同治理。政府组织、商业运作，政府与保险业之间的关系非制度化、不规范，容易引发协同风险，出现"蜂群效应"，大大影响协同治理的积极性和社会效益。

同时，协议模式对协同治理行为缺乏有效规范，主要依赖保险业的自我约束，协同治理行为的合法性、公正性易于被道德风险腐蚀，进而损害政府公信。

3. 协同领域不够宽泛

保险业有着丰富的风险识别、风险治理的资源、经验和技术，能有效协同政府识别、治理政府整体风险、区域改革创新风险、部门改革创新风险。目前，保险业协同治理领域主要集中在公共安全、民生工程、社会救济和社会保障。保险业协同治理与浙江"四大战略"的发展需要和治理需要衔接不紧密，整体游离于政府风险治理和重大战略风险治理需要，协同领域比较狭窄。

4. 协同载体相对集中

保险资金、保险产品、保险服务是协同治理的实践载体。目前浙江省保险业协同治理的协同载体主要是保险产品，保险资金略有涉及，保险业最具优势的风险识别服务和风险治理服务没有得到足够的重视。浙江省公共风险治理，忽视了将保险服务引入政府风险治理和重大战略、重大政策风险治理。

5. 协同动力不足

多年来，保险业存在结构性失衡，如保险资源集中投向财产险和车险，具有公共风险治理功能的保险服务和政策性、责任型保险产品得不到应有的重视和资源支撑。同时，保险业对协同公共风险治理的认识模糊，没有充分意识到协同治理将增强保险业的核心竞争力，具有可持续的发展意义。因而，保险业内部协同公共风险治理的动力不足。而政府从外部推动保险业创新、协同治理，也需尊重市场规律和保险的大数法则。在政府补贴、免税、减税等财政资源、政策资源有限的情况下，保险业协同治理动力不足、积极性减弱、进展受影响。

（二）浙江省保险业协同公共风险治理的引领提升

浙江省保险业创新参与社会建设领域的公共风险治理，在参与模式、参与方式、参与领域都有待于进一步提升。如在参与模式方面，虽然目前的参与模式比较丰富，但在检思现实时，还需要进一步明确保险业协同公共风险治理未来的主流模式，保险业参与社会建设领域的公共风险治理，本来是一个系统的、长效性的社会工程，目前的诸种创新仅仅是推动这一社会工程建设的起点；在不断的探索过程中，各种模式在实践检验中获得了各自的制度评估。因而，目前首先需要检思的是在参与模式中需要注意的几个关系。其一是参与模式中的保险业与政府的独立关系：保险业参与社会建设领域的公共风险治理，受制于保险的商业属性，整个运作机制仍然是属于市场化的产物，其组织、机制、运营独立于政府；而政府部门借力保险业协同公共风险治理，实质上是以商业化、市场化的力量来分散公共风险，政府所能供给的是公共政策和公共财政方面的支持。因而，不论保险业参与社会建设领域公共风险治理的模式怎么丰富，应该确立的一个基本思路是政府角色和保险业角色的独立性，在推动保险业协同公共风险治理过程中，千万不能忽视这一点，不能搞越俎代庖，不能搞行政化命令，也不能政保不分。政府在推动社会建设领域公共风险商业化、市场化治理时，将可以商业化、可以市场化，但还未商业化、未市场化的风险，通过引导性的、强制性的政策来引导和推动其商业化、市场化；政府决不能自己来搞，或者与保险业合作来搞公共风险的商业化、市场化，否则的话，就是角色错位。那些实践中推行政府与保险公司共同经营的模式，短期内没有太大的风险，但长期来看，是不符合社会发展的主流的。其二是参与模式中的保险业与政府的主次关系：在社会建设领域公共风险治理中，纯商业化的、市场化的风险治理由保险业来唱主角,政府只是对保险业进行适度的监管。无法市场化、无法商业化的风险治理则是政府唱主角,保险业则在风险治理方面进行一定的辅助性参与。暂时无法市场化、无法商业化的风险治理,政府则在公共政策、公共财政供给方面唱主角,具体的风险治理运营,则是由保险业来唱主角。政府对于保险业具体的风险治理运营,需要介入的是强化监管,防范保险业内的道德风险。其三是参与模式中政府与保险业的责任关系。参与模式中,不论具体的模式怎样,政府对社会的责任都不会因为保险业协同公共风险治理就获得了豁免。政府对社会的责任属于其作为公共主体的公共责任,与政府作为经济主体承担的财产、雇员、责任风险的责任不同。政府作为公共主体和保险业作为市场主体,其对社会的责任都是相对独立的。政府作为公共主体,不会因为保险业参与公共风险治理,其公共责任就转移到保险业。当然,政府作为经济主体对其财产、雇员、责任风险等的责任,可以通过商业化的保险技术来转移。其四是参与模式中政府与保险业的发展关系。对于保险业参与社会建设中公共风险的治理,应进一步关注保险业协同公共风险治理的细分化、类型化,针对其参与方式和参与领域类型的不同,理顺政府与保险业的发展关系。对于临时的、局部的领域,需要引导、推动保险业协同公共风险治理的,政府则应在政策支持、财政支持方面做推动、引导工作;对于长效的、全局的领域,则需要政府保持在政策支持、财政支持相对稳定的基础上逐渐推动财政依赖型、政策依赖型的参与模式向制度依赖型、法治依赖型的参与模式转变。

三 保险协同治理的检思建议

浙江省保险业创新参与社会建设领域的公共风险治理,在一些具体的问题上,也需要进一步实践和思考。

其一是保险业协同公共风险治理中容易出现的道德风险和逆向选择。保险业协同公共风险治理，获得财政补贴的，其财政补贴可能是多级配套。全国性的政策性保险，其财政补贴来自国家、省级、市级和县级四级财政；省域内的政策性保险，其财政补贴来自省级、市级和县级三级财政。政策性风险补贴机制，可能引发风险较小地区的地方政府、投保单位采取隐性的逆选择行为，也容易诱发保险公司、地方政府和投保主体的道德风险。推进保险业协同公共风险治理的实践，保障政策性保险真正服务于民生、保障民生，需要建构有效的机制，防止政策性保险补贴成为一些保险公司和地方政府的"盛宴"，防止保险公司和地方政府、投保单位联手瓜分政策性保险的政府补贴。具体而言，需要加大政策性保险的监督力度，加大对政策性保险异动情况的审查力度，推动财政补贴型保险展业、理赔、风控服务的信息化、透明化、公开化、标准化，推动政策性保险由财政补贴型保险向公共政策型保险发展。

其二是有关保险业协同公共风险治理的广度、深度。就广度而言，浙江省除了在社会公平保障体系、城乡社会保障体系、社会治安防控体系、安全生产责任体系、食品药品安全监管体系等领域推动保险业创新协同公共风险治理外，对于在基层公共风险治理和服务体系、重大决策社会稳定风险评估机制、公共安全体系等社会建设诸多方面存在的公共风险，也可积极推动保险介入，推动政府在治理公共风险过程中，引导保险业在保险资金运用、保险产品、保险服务、保险基数方面创新协同公共风险治理。具体而言：在浙江建设领域，保险作为风险治理工具，在灾害救助体系和社会保障体系方面有着更为广泛的应用于公共风险治理的空间。拓展保险协同公共风险治理的广度，就是在更大范围内发挥保险业协同公共风险治理的积极作用，减少不安定因素，减轻公共治理压力，为浙江建设提供分散风险、治理风险的保障和服务。就灾害救助体系方面而言，需要大力发展各类责任保险，拓展以责任保险为代表的政策性保险，凸显保险在自然灾害、事故灾难、公共卫生事件、社会安全事件等方面的风险治理功能，建立食品安全责任保险、火灾公众责任险、医生责任保险、医疗责任保险，进一步完善巨灾保险制度（如涉农巨灾保险、涉海巨灾保险）。就社会保障体系而言，面对老龄化社会渐趋来临，人口红利逐渐消退，养老保障和医疗保障将是未来政府必须面对的事关民生的重大问题。对此，省一级政府应未雨绸缪，在省域范围内，积极鼓励和支持有条件的企业通过商业保险制订多层次的养老保障计划，拓展补充养老保险服务领域。浙江在延税型养老保险、变额年金保险、小额人身保险方面应积极突破，遵循市场运作、政策引导、政府推动的原则，推动保险业创新改革，将政策性保险构筑成为社会保障体系中不可或缺的重要组成部分。大力推动健康保险发展，支持相关保险机构投资医疗机构。基于养老保险和健康保险具有经营投入大、风险管控难、服务期限长等特点，受国家医药卫生政策和养老规章制度影响大，精算基础和经营治理模式与寿险和财产险有明显不同，客观上需要单独建立健康保险和养老保险方面的核算制度、精算制度，真实反映其经营状况，因此，有必要将健康保险和养老保险与财产险和寿险相分离，实现真正的专业化经营。

就深度而言，是指协同公共风险治理的保险业如何与社会对接、与现实对接，如何接地气，如何切实在公共风险治理实践中为社会认知、接受。保险公司在拓展的诸如涉农政策性保险、旅行社责任保险、弱势群体综合险、计划生育险等险种上会出现保险公司"接地难"的问题。如涉农政策性保险，保险公司在县一级设有机构，也就 20 个人左右，而一般情况下，县一级的辖区都有 20 个至 30 个乡镇，两三百个行政村，仅靠保险公司自身力量很难实现承保和理赔到户。保险公司和农户对接主要存在四个方面的难点。第一个方面是地域的分散性。保险公司收取保费，付出的成本大于收到的钱。第二个方面是农民认识的差异性。很多农民只有遇到灾害才愿意投保，这是明显的逆选择，而保险的原则是大数法则。第三个方面是农业生产的季节性。政府的贴补方案下达得迟，保险公司必须在相应的作物生产期内完成承保服务，任务很重。第四个方面是农民对政府的依赖性。广大农民更多地信任和依赖政府的行政治理和灾后救济，对保险公司或多或少存在不信任感。目前，对于保险公司如何接地气的问题，浙江省有一些创新做法，如由政府工作人员兼职代办，如推行涉农协保员。这些创新做法短期来看，对推动保险接地气有一定的效果，但也存在着一定的法律风险，存在着与遵循市场化运作基本原则相悖反的问题。解决保险公司在协同公共风险治理过程中如何接地气的问题，一个方面要靠政府和保险业在宣传上的重视，另一个方面也要靠保险业在治理机制上、治理技术上创新。保险协同公共风险治理，如何接地气确实是一个需要解决的问题，基本的一个原则还是要遵循保险业的运行规律，遵循市场的规律，循序渐进，由保险内部生成应对的治理机制和治理技术，政府千万不能成为"消防员"，哪里出了问题就往哪里跑。一些市场运营中出现的问题、风险，最终还是应该由市场来承担，政府在监管过程中，需要认识到这些问题、风险的存在，并对解决这些问题和风险提出一定的引导性的建议或者强制性的规制。

其三是保险业推出的政策性保险格式条款的适用性问题。商业保险格式条款在商业保险市场中的问题颇多，引发的纠纷常常被社会诟病为"霸王条款",那么,保险业协同公共风险治理,推出的诸多政策性保险的格式条款的合法性如何、合理性如何,以及该格式条款的社会适应性如何,是政策性保险在理赔环节必须面对的问题,特别是随着政策性保险逐渐发展,在其朝向制度化、法治化迈进的过程中,这一保险业协同公共风险治理微观上、基础性的问题就尤其需要得到特别重视。比如,农业保险的赔款,是以农作物损失的30%为起赔点,但多少是31%,多少是29%;每个作物的生长期限的赔偿标准不一样,但很多时候是在临界点上,特别是在损失特征大致相近的情况下,赔款如何平衡?在保险责任上,保险重点突出保大灾,主要将台风、洪水、重大疫情等作为主要责任,建立了巨灾风险5倍封顶方案。"起赔点""封顶赔付"作为保险风险防控机制,有一定的积极作用,但这一手法容易引发误会,特别是政策性保险中各方强弱情势本来就悬殊,保险人、投保人、政府完全处于非对等的强弱情势中,各方的利益以及利益表达能力的强弱对峙无法保证"起赔点""封顶赔付"等政策性保险格式条款规则的公平、公正。如果没有政府行政力量和专业部门技术的参与,单独由保险公司设定外观估损标准很难具有社会适应性。在目前有关风险评估、保险费率、保险条款、保险资金治理等的法律法规尚不完善的情况下,政策性保险在经营逻辑上是否需要成立类似美国风险治理局那样的机构,有政府背景但保持相对独立,负责厘定政策性保险的费率和起草条款,则需要谨慎地加以审视。一个基本的思路是,需要推进涉及面广的、基础性的政策性保险朝着专业化、独立化的方向发展,同时,应大力完善政策性保险的专业化、独立化的监管机制。

改变目前的协同格局、解决上述问题,既需要政府发挥主导作用,引领创新;又需要保险业发挥积极性,主动创新。具体而言,需要创新做好"一""二""三""四""五"。

"一"是创新成立一个协调组织。

在省级层面上,成立一个协调组织,引领协同治理。不局限于一时一事的协同治理,着眼于突破条块治理的局限,建构省域的、具有制度性质的协同组织,创新成立"浙江省保险创新委员会",构建省政府引导,政府相关治理部门、保险业多元参与的协同治理的创新平台和协调平台。在此基础上,逐步完善协同目标明确、协同准则规范、协同效应和谐、运作规范、保障有力的协同机制。

"二"是大力推进两大协同领域。

目前,政府风险治理和浙江"四大国家战略举措"(简称"四大战略")风险治理,是浙江保险业协同治理最为薄弱的领域,也是今后需要大力推进协同治理的两大领域。政府进行公共风险治理活动,产生诸多财政风险、制度风险、决策风险和行为风险。引入保险业的治理经验和治理流程、治理技术,推动保险业协同治理政府风险,是保险业协同公共风险治理的创举;也契合加拿大、澳大利亚、英国等诸多国家推进政府风险治理的国际发展趋势。

大力推进保险业协同治理政府风险和浙江"四大战略"风险,具体而言,需要做到如下几个方面。(1)政府转换观念,引导保险业积极协同政府风险治理和浙江"四大战略"风险治理。(2)选择恰当的推进模式,政府主导、保险业协同治理的推进模式是政府风险、浙江"四大战略"风险治理最恰当的模式。(3)保险业调整发展思路,统筹资源,集中精力提升保险业风险识别、风险治理的技术,协同政府做好重大战略、重大制度、重大决策、重大项目的风险识别、风险治理。

"三"是强化三个载体创新。

围绕协同治理大力推进的两大协同领域,着力强化保险资金运用、保险产品、保险服务创新。（1）保险资金运用创新：推动保险资金支持浙江省"四大战略"建设、基础设施建设、新兴产业发展、富民惠民安民便民工程建设；围绕浙江"四大战略"建设，搭建资金对接平台，推动保险资金、银行资金、民营资金平台合作。（2）保险产品创新：创新发展涉海巨灾险、税收递延型养老险、邻避险、政府雇员高危岗位意外险、政府雇员责任险；拓展渔船险、运输人赔偿责任险、仓库责任险、航运港口营运险；因地制宜实施产品责任险、食品安全责任险、火灾公众责任险、公共设施责任险、自然灾害公众责任险试点工作；进一步完善农业巨灾险、科技创新险、贷款保证保险、信用保证保险；积极推进中小企业融资保险、三农小额贷款保险、环境污染责任险等险种的省级统保。（3）保险服务创新：保险服务如何直接影响协同治理的社会认同度和美誉度。一是推进保险服务电子化、信息化、透明化、标准化和个性化，提高保险服务的协同能力。二是紧贴浙江公共风险治理，创新风险预测、咨询、评估、预警服务，积极协同政府做好政府风险治理和浙江"四大战略"风险治理。

"四"是完善四个协同制度。

公共风险治理是有序治理。保险业协同治理尤其需要规范。通过完善协同制度，推进协同治理的规范化、制度化，推进保险业协同治理由协议型向政策型、法规型发展。（1）完善采购制度，建立规范、统一的保险产品、保险服务政府采购平台。（2）完善招标制度，引入竞争机制，建立公平、公开的保险协同治理招标制度。（3）完善授权制度，建立规范的授权机制，规范保险业协同治理权和协同治理行为，厘清公共风险治理关系中政府权责和保险业协同治理的权责。（4）完善评估制度，建立规范的协同治理社会效果评估准则，完善浙江省协同治理的监管制度。

"五"是启动五项工作。

五项工作是指"一个会议、一个指南、三个试点"。

"一个会议"。适时召开省协同治理创新引导大会，明确政策，鼓励省内各级政府重视引入保险业协同治理政府风险和"四大战略"风险，明确协同治理的发展趋势，形成鼓励引入协同治理的会议文件。

"一个指南"。成立"浙江省保险创新委员会"，出台协同治理的政策指南，对协同治理的指导思想、基本原则、基本政策、基本框架、协同机制等做出原则性规定。

"三个试点"。（1）选点推进保险业协同政府整体风险治理和重大决策风险评估试点工作。（2）针对浙江"四大战略"建设中公共风险治理的现实需求，选点推进涉海巨灾险、信用保证险、贷款保证险、税收递延型养老保险、邻避险等。（3）以浙江"四大战略"建设为契机，形成合力，争取国家层面更大的扶持力度，推动区域性的海洋保险中心和区域性的民营保险机构政策落地。

公共风险治理是实践"中国梦"的重要抓手。保险协同治理关系到公共风险治理的社会渗透力、社会服务力、社会保障力、社会救济力，是助力实践"中国梦"的重要力量。保险协同治理既需要省级层面的前瞻指引；也需要坚持群众路线，推进具体的实践创新。

第六章
保险协同治理的实践展望

　　近几年，在协同公共风险治理的新视角下，保险的宏观属性上，其公共属性得到重视，保险迎来了新的挑战和发展机遇，在认识层面上，整个产业一直践行的参与公共风险的治理得到了更为广泛的社会认同。保险内外都不再满足于保险在一般意义上的参与公共风险的治理①，而更为热切地希望在经济风险管控、制度风险管控、公共风险管控、环境风险管控等更为具体的、更为直观的治理活动中推动保险协同公共风险治理。源自保险内外的创新需求、创新寄望和创新推力共同推动保险开始逐渐地更重视保险资金运用、保险产品、保险服务创新，一旦这一变迁成为整体的格局，保险实践创新就不再仅仅是一个产业局部性的实践活动，而是保险产业生存发展的根基，是一个活在保险体内的机制。可以预见，保险实践创新将在今后一个较长时期

---

①　即上文中从一般意义上对保险与政府责任、社会福利的关系的阐述。对于社会变迁、经济转型、改革攻坚阶段社会风险的管控，商业保险有益于改善社会总的福利水平，任何风险管控的商业保险的供给都在一定意义上限缩了政府供给社会风险行政化管理的空间和供给公共保障的责任。

内成为保险竞争力的核心，既被保险追逐商业利润推动，也为保险追求社会效益、承担社会责任、协同公共风险治理所驱动。

从外观视角来看，保险实践创新实际上是保险与保险需求和保险寄望互动的结果。保险无论是为政府治理公共风险所用，还是作为商业化治理风险之专长，都是满足社会对风险治理需求的工具。作为社会需求和社会寄望的重要部分，保险需求和保险寄望具有特别浓郁的区域性、时代性色彩。就浙江省而言，对区域性、时代性保险需求和保险寄望的认识，是保险协同公共风险治理首先需要解决的一个问题。只有识别浙江省区域性的真实的保险需求，才能有效创新保险实践，保险协同公共风险治理的社会寄望才能实现。保险资金、保险产品、保险服务为保险需求提供一定程度的保障，为一定阶段、一定地域的公共风险提供了分散、统筹治理的机制和技术。保障保险需求，是保险实践创新协同公共风险治理的落脚点。保险资金运用创新、保险产品创新和保险服务创新是保险协同公共风险治理的主要方式，是保险保障保险需求的主要路径。而公共政策的引导力和法律规则的强制力则是保险创新协同公共风险治理的保障，是保险保障保险需求所借的外在推力。因而，把握保险需求对保险创新协同公共风险治理的重要性是不言而喻的。那么，现阶段，在推进现代化浙江建设过程中，经济建设、社会建设、政治建设、环境建设等领域具体存在哪些保险需求和保险寄望呢？下文将结合浙江建设领域的特定问题，有针对性地逐一分析保险协同公共风险治理的省域展望。

一　经济领域的协同展望

从经济建设领域来看，浙江省按照先行先试的要求，大力实施建设浙江海洋经济发展示范区、建设舟山群岛新区、开展义乌国际贸易综合改革试点和设立温州金融综合改革试验区"四大国家战略举措"，加快建设以现代农业、现代工业、现代服务业和海洋经济为主体的现代产业，坚持两个"毫不动摇"，积极推进国有经济改革发展、整合提升，推进民营经济创新发展、转型升级。着力建构适应全球化新趋势的开放型经济体系，加快"走出去"步伐，大力培育跨国公司，积极建立境外生产研发基地、全球营销网络和战略资源渠道。经济建设领域宏观规划的实践推进和产业转轨升级，推动经济结构、经济要素发生变革，也将带来新的风险因素和新的风险种类，其间存在的自然风险、市场风险、制度风险、技术风险、治理风险、道德风险、邻避风险等风险的来源、种类、要素、分布、特征、影响都会随之发生变化，风险的生成性、构成性、分布性、影响性将有全新的特点和规律。因而，社会对风险治理的需求、要求，对保险的需求、要求也会发生回应性的变化。这种变化对保险实践创新来说，既是机遇，也是挑战。

（一）"两区"建设领域和保险创新

目前，海洋经济已经成为推动浙江加快转变经济发展方式的重要引擎。浙江省正大力实施建设浙江海洋经济发展示范区、舟山群岛新区（以下简称"两区"），加快构筑现代海洋产业体系，积极发展港航物流、远洋运输、远洋捕捞、海洋旅游和海洋新兴产业，整合提升造船业，支持宁波、舟山大力发展大宗商品贸易。随着浙江海洋经济建设的推进，海洋灾害和风险治理将越来越为人们所重视。首先，浙江省地处西北太平洋沿岸，海洋灾害形式复杂多样，是我国海洋灾害最严重的省份之一。风暴潮是对浙江省威胁最大的海洋灾害。据统计，最近60余年间浙江省有44年发生较明显的台风风暴潮灾害，因灾死亡7000余人；根据省防办的灾情数据统计，仅1985年以来，台风及引起的海洋灾害造成浙江省直接经济损失就达1344亿元。其次，浙江省地处环太平洋地震带附近，历史上曾有数次海啸灾害的记载，其潜在风险位居全国前列。目前，浙江省大量沿海工程在设计时多未考虑海啸灾害的影响，核电、石油、重化工设施在遭受海啸破坏的同时，产生的衍生灾害将严重危及工程附近区域的环境生态安全和人民生命财产安全。再次，随着全球气候变暖趋势的加剧，近30年，浙江沿海海平面呈明显上升趋势，所邻的东海沿海海平面平均上升速率为2.8毫米/年。海平面上升导致海塘防潮标准相对降低，海洋灾害致灾程度加大。此外，浙江省还受到赤潮、灾害性海浪、海上溢油等海洋灾害的威胁和影响。海洋灾害和海洋风险将对浙江省沿海地区的公共安全、生态环境及经济发展构成严重威胁。在目前公共财政资源有限的情况下，这些海洋灾害和海洋风险的治理既需要政府主导，也需要保险和社会力量的积极参与，共同构筑起抗击海洋风险的保障体系。

浙江海洋经济"两区"建设和海洋产业推动，还要面对金融风险。海洋经济建设急切需要庞大的资金支持和大体量的金融服务支撑。如海洋装备制造业、清洁能源、海水利用、海洋勘探开发等海洋新兴产业的崛起，需要巨额资金的投入。就资金供给而言，海洋经济建设资金主要来自金融市场，在融资渠道上，银行独大，保险资金、证券融资市场份额低。而银行资金供给很大程度上受宏观经济环境和中央调控政策影响。因而，在解决资金短缺、波动等方面，海洋经济建设可以在一定程度上寄望于保险，保险资金的充足和稳定，以及保险资金运用领域的拓展和改革，为保险资金参与浙江海洋经济建设提供了有效可行的接驳通道。就金融服务而言，目前浙江海洋经济建设金融服务支撑欠缺制度性的建构，金融服务经验也不丰富，服务体系远不完善，海洋经济发展所需要的金融服务支撑政策还远未成型。保险作为生产、供给专业化的风险治理的金融服务产业，在参与浙江海洋金融服务体系的建构方面是不可或缺的。保险作为海洋经济发展重要的金融服务支撑，为海洋经济发展提供风险统筹治理，能有效化解海洋经济建设中的各类风险，是政府推进海洋经济发展的重要工具。

海洋经济建设中风险广、风险大等弱质性，决定了难以单纯依靠商业性保险规避、分散海洋经济建设风险。针对海洋产业风险的集中和不可控问题，以政策性保险扶持和推广海洋产业，是国际通行做法。国外发展海洋经济的时间较长，总体而言，目前世界各国在海洋经济发展领域主要执行的是政府主导型金融服务政策，旨在通过分担风险和诱导利益促进微观经济主体的生产经营行为选择，主要措施包括发展政策性保险、创新投融资机制及开展金融合作等。浙江省在推进海洋经济建设过程中，面对海洋自然风险、金融风险、制度风险、治理风险等诸多风险，需要妥善处理好风险的行政化治理模式、商业化治理模式和自担风险之间的平衡，在强化行政化治理模式的公共服务和公共政策的供给的同时，应鼓励、引导、扶持、推动保险改革创新，使其积极主动参与到海洋经济风险治理中来。

具体而言，参与海洋经济建设领域的风险治理，保险改革创新的推进主要有以下方向、路径。

（1）政府和保险加强合作，形成合力。①加强统筹规划，推动资源集聚，引导保险总公司在省内设立海洋保险中心，推动组建海洋开发、海洋航运等专业性海洋保险机构，推动保险总公司治理权限下放，支持专业性保险机构做大做强。②积极推动国家层面在保险市场主体方面推行"先行先试"的创新政策，充分借鉴上海国际金融、航运中心建设经验，在现有的资源配置权限下，在资源、政策、人才方面加大对建设海洋保险中心的扶持、倾斜力度。

（2）推动保险资金运用创新。①推动保险资金运用治理体制创新，在保险资金运用治理体制创新方面形成合力，努力争取国家保险监管部门和保险总公司政策上的"先行先试"，进一步推动保险资金运用创新，争取能够对海洋经济建设中的战略性新兴产业项目和增长型的大项目、大企业直接融资贷款。②拓展保险资金运用领域，推动保险资金运用领域由能源、交通、市政基础建设向海洋装备制造业、清洁能源、海水利用、海洋环保、海洋勘探、港航物流、原油、矿石、煤炭、粮食等重要物资储运项目倾斜。③创新建设保险资金运用平台，围绕海洋经济建设的"大平台、大产业、大项目、大企业"，搭建大产业、大项目和大企业的融资平台，推介海洋经济建设项目，推动保险资金、银行资金、民营资金在平台上进行金融合作，创新投资组织形式（如设立产业基金、投资入股）。

（3）推动海洋保险产品创新。①围绕建设大宗商品国际物流中心、建设现代海洋产业体系、建设海洋生态文明、建设海洋科教基地，推动海洋保险市场中商业性涉海保险产品的完善。A. 围绕建设大宗商品国际物流中心，改进多式联运保险，拓展航运港口基础建设保险等业务，为大宗商品提供仓储和运输风险保障，为集疏运网络提供综合风险保障，为大宗商品交易服务平台建设提供船舶和货运保险服务。B. 围绕建设现代海洋产业体系，发展船舶建造险、修船责任险、油污责任险、海洋养殖保险、贷款保证保险、国内短期贸易信用险等险种，为现代海洋产业提供全方位的风险保障。C. 围绕建设海洋生态文明，大力发展旅游保险、责任保险等险种，为海洋生态保护区和海洋海岛旅游景区提供人身、财产、责任等风险保障。D. 围绕建设海洋科教基地，为重要科研设备财产风险、关键科研人员人身风险、科研成果转化风险提供一揽子保险和项目型保险的科技保险服务。②加强政策扶持，推动政策性涉海保险发展，提升政策性涉海保险的保险广度、深度和力度，为海洋经济建设提供强大的风险保障；加快海洋环境保险、海洋开发保险的研发；完善海洋科技保险、海洋船舶保险、出口信用保险①的实施；研究实施涉海保险税收优惠政策；完善渔船保险补贴、渔业保险补贴计划，推动涉海保险补贴政策普享普惠；鼓励涉海保险产品政保合作项目的创新。

（4）推动保险服务创新。①涉海保险展业服务创新。在海洋经济建设过程中，由于经济要素的流动性加强，出现了海洋保险外流趋势，在保险展业过程中应积极应对这一难题，积极推动保险电子化展业、②信息化展业、③透明化展业、标准化展业和个性化展业，提高保险展

---

① 出口信用保险是推动开放型海洋经济建设的重要政策工具。一是推动海洋产业结构转型升级，调配出口信用保险资源，在现代海洋产业、船舶修造、水海产品贸易等方面予以重点支持。二是参与港航物流服务体系建设，通过提供买卖双方资信调查、贸易信用保险等服务，提升大宗商品交易平台的信用管理水平。

② 商业保险是金融领域的一个传统行业，为适应技术进步和市场变化，电子商务也日渐深入保险服务领域。目前浙江省内虽然大部分的保险公司都开通了网站，但主要内容大多局限于介绍产品、介绍公司的背景，并与客户进行网上交流，宣传自己，用于扩大影响。也有部分保险公司开通网上保险业务，如泰康人寿保险、太平洋保险实现了某些简易险种的网上销售和在线客户服务。但网络保险仅实现了网上投保和支付，而核保和递送保单仍需人工操作。现阶段，几乎没有一家（2013年2月，专营互联网保险产品的众安在线财产保险公司完成监管审批程序）保险公司可以利用其现存的电子商务平台实现网上展业、在线投保、核保和出具理赔等全部保险业务流程的整套电子商务化模式。从整体上来看，浙江省内商业保险电子商务相对比较落后，大多数的保险公司只是把网络作为一个发布产品信息的平台，却并没有使之成为一个真正的销售渠道。从海洋经济发展的需求来看，为减少商业保险运营成本，保险公司要集中精力做好对外联客户服务和内部管理，促进保险公司资金流、信息流快速运转。在保险电子商务方面，保险行业应该进一步加速发展：一方面，保险公司应急流勇进，加快发展；另一方面，监管部门则可采取一定的鼓励措施推动整个商业保险行业加快发展电子商务。

③ 保险公司信息管理能力较低是保险公司管理上一个不可忽视的短板。保险信息化将人们从繁杂的日常事务中解脱出来，将更大的精力投入信息分析、市场研究和产品开发等工作中。而且，大量信息为保险公司的风险评估提供准确的数据资料，各保险公司能有效地评估风险，提高保险业务处理效率，从而提高保险的整体管理水平。从发达国家的各个地区的保险市场的经验来看，信息管理能力是保险公司的核心竞争力的重要组成部分。目前浙江省内保险信息化建设的水平和发达国家的各个地区的保险信息化水平差距很大，其保险信息化建设存在许多问题，具体表现为：各保险公司信息建设各自为政，信息孤岛大量存在；标准化工作相对滞后、信息安全投入不足、安全保障体系需要完善、信息建设整体管理水平不高；信息应用的广度和深度不够，数据资产利用率不高；信息化人才短缺；等等。

业服务的适应性。②涉海风险过程治理的创新。在海洋经济建设过程中，现代海洋渔业、海洋新兴产业、涉海先进制造业、涉海服务业等产业的发展，都将面临各类自然风险、技术风险、环境风险和政策风险，海洋经济建设涉海产业、涉海企业的健康稳定发展都需要有专业的涉海风险过程治理及时跟进，提供专业的风险评估服务、风险治理培训、风险治理服务和风险救济服务。

（二）温州金融综合改革试验区建设和保险创新

改革开放以来，我国金融体制改革一直存在对制度的过度依赖，制度依赖阻碍了体制创新。一方面，金融体制改革趋于保守，金融微观制度的改革修补不断，但金融体制基本模式还是遵循改革初期的模式，治理上、经营上是封闭的、垄断的，金融市场的开放性、竞争性、市场性方面的改革和推动力不够，金融体制止步不前。另一方面，基于多元经济的快速发展，民营经济风生水起，金融体制中封闭的、垄断的治理模式和经营模式的社会适应性严重滞后。制度性的依赖和制度性的滞后，引发严重的制度风险。温州金融综合改革试验区（下文简称"温州金改"），是金融体制改革的开路先锋，其核心问题是创新解决行进在改革进程中的金融体制可能产生的制度风险和公共风险，进而提升金融体制的社会适应性。就目前温州区域内的金融领域而言，金融运行中的突出问题是"两多两难"（民间资金多、投资难，中小企业多、融资难）①，这一突出问题，是目前金融体制下制度化的产物。从公共风险治理角度考察，风险的制度化是当前转型期公共风险的趋向之一，制度风险也是公共风险治理的对象之一。保险作为金融体系的重要组成，可商业化治理的制度风险也是保险治理的对象；

---

① 周小川：《金融综合改革要解决温州"两多两难"问题》，http://finance.people.com.cn/bank/GB/17619788.html。

而且，保险监管部门和市场经营主体创新参与"温州金改"金融体系中制度风险的商业化治理，解决金融运行中的"两多两难"，有着独特的推进路径。

1. 创新设立区域保险法人机构，建构中小企业保险服务中心

在保险机构方面，争取先行先试，创新设立"温州金改"区域性的保险机构，推动区域性保险的专业化发展，集中资源优势，为"两多两难"的解决提供组织保障，并进一步建构起完善的保险服务体系，加大保险服务的经济渗透力度。一方面，省级保险监管部门应该大力向上推动，推动保险监管的创新研发，做好顶层设计的前瞻规划，在最大的政策空间中给予"温州金改"先行先试改革创新的政策支持，推动中国金融体制深层改革创新试验区的大步前进、勇于创新。另一方面，浙江省各保险机构和民营企业需要发扬浙江创业精神，积极投身"温州金改"，把握先机，积极参与到区域性保险法人机构创新设立的推动过程、实践过程、运行过程中。

2. 创新推进保险资金运用，为"投资难、融资难"提供资金保障

"两多两难"问题的出现，说明温州目前的金融市场供需通道不畅通，存在较大的制度风险和市场风险。保险本身拥有庞大的保险资金，在资金供给稳定性、长期性方面具有独特的优势，而且温州保险基于其长期从事市场主体各类风险治理，对温州民营企业、中小微企业所承风险和企业发展、企业信用等有一个基本面的了解，也有着专业风险治理层面的技术支撑和数据支撑。因而，它在解决融资难、投资难方面非常具有产业优势，存在着大有作为的创新空间。①推动保险资金运用直接向中小微企业提供保单贷款和抵押贷款。一方面，保险资金运用于抵押贷款、保单贷款，将增加中小微企业的融资渠道，推动金融市场的开放和竞争，一定程度上将缓解中小微企业融资难问

题。另一方面，基于中小微企业的融资需求，其成长性的发展决定其需要比较稳定、长期的资金支持，而保险资金恰恰有这一方面的优势，因而，保险资金的收益需求也能得到实现。②积极运用省内投资融资平台，创新设立中小微企业创新保险基金、中小微企业债权投资计划信托债权基金等资金运用载体，加强保险资金、银行资金、民间资金之间的合作，为解决中小微企业融资难问题探索新的制度路径。通过融资平台多元资金的合作，推动民间资金的积极参与，有效提升民间资金向产业资本转化的能力，形成资本合力，实效参与解决民间资金多、中小微企业融资难等现实问题。

解决"两多两难"，保险资金运用方面的改革创新主要是从资金供给角度，推动保险资金运用改革创新和强化金融合作，增加资金的供给量；同时，推动保险资金直接投向贷款，推动保险资金进入资本市场的专业化、专项化，增强金融市场的开放性和竞争性，降低中小微企业融资的困难和成本，改善中小微企业在融资市场的弱势。

3. 推进保险产品上的创新，为"投资难、融资难"提供风险、信用保障

从解决授信方和受信方的风险保障和信用保障角度来考虑推进保险产品创新，能为"投资难、融资难"提供独具特色的产品保障。

保险产品和保险服务是保险治理公共风险最为直接的体现。就受信方的信用保障而言，保险应联合力量，充分利用好"温州金改"的有利时机，加速贷款保证保险的研究和推进，积极推动贷款保证保险在温州的整体落地，① 建构起贷款风险治理合作机制和共担机制，助力解决融资难问题。关于贷款保证保险，浙江省最早的试点是 2009 年

---

① 温州在龙湾、瑞安和乐清启动小额贷款保证保险试点，帮助小微企业增加银行贷款 30 多亿元，提供保单质押贷款 22.3 亿元，一定程度上缓解了小微企业融资难问题。

8月舟山市定海区的中小企业贷款保证保险,这一方面,舟山推行的具体经验是非常具有借鉴意义的。

2009年8月,经人保财险总公司批准,舟山市定海区成为浙江省内首个中小企业贷款保证保险规模试点。主要做法是:中小企业自愿申请购买贷款保证保险,银行对持有保单的中小企业优先放贷,如果贷款企业无法履约还款,由保险公司按照约定向银行支付一定金额的赔款。贷款保证保险产品的核心是由保险公司为中小企业提供信用保障,建构贷款风险治理的合作机制和共担机制,提升中小微企业的信用等级,降低中小微企业的贷款门槛。该产品具有如下特点。首先是保费合理。保险基准费率被设定在1%的标准,费率水平约为担保机构担保费率的1/2。同时,实际费率还可根据企业资信及担保情况进行浮动,不会过多加重中小微企业申请贷款的经济负担。其次是保障有力。投保人连续3个月未履行还款义务即为保险事故发生,保险公司可以基本化解银行新增不良贷款的风险。同时,所有未被列入贷款黑名单的中小微企业均可申请投保,保险计划能使绝大多数的中小微企业受益。再次是风险可控。保险公司为单一承保企业设定赔偿上限,且承担的赔付总额为承保贷款总额的一定比例。这样一系列激励和约束的制度安排,有利于确保试点工作积极稳妥地推进。①

贷款保证保险是一项创举,在破解中小微企业贷款难问题上有着积极的意义。银行贷款是中小微企业融资的主要途径。但是,由于规模较小、资信不全等不足,中小微企业较难从银行获得所需的发展资金。推动贷款保证保险纳入中小微企业信贷治理体系,提升了中小微企业的信用等级,有助于中小微企业获得加快发展所必需的资金。贷款保证保险统筹治理中小微企业贷款风险,把原本由银行单独承担的

---

① 吴勉坚:《浙江省领导干部保险知识读本》,浙江大学出版社,2010,第221页。

贷款风险转移给保险公司、融资企业分担，形成了贷款风险共同分担机制，为银行信贷资金安全提供了保障。中小微企业贷款难的症结在于银行面临较大的信贷风险。引入保险参与，有助于银行有效控制新增贷款风险，在风险可控的基础上增加中小微企业的贷款投放规模。

在大力推动贷款保证保险、提升受信方信用保障水平的同时，保险在风险保障方面，应积极完善出口信用保险，建立出口信用保险补偿基金，支持中小微企业进行自主创新、贸易融资和"走出去"发展。同时，加快推动海外投资风险治理，积极创新，为私人境外投资者提供外汇险、征用险和战争险担保，推动浙江省民间资金海外输出、海外投资，有效推动民间资金向海外产业资本转化，缓解"两多两难"问题。

4. 创新推进保险服务，为中小微企业提供风险评估、风控治理和风险保障

一是积极推出"一揽子"风险治理服务，针对民营经济、县域经济和中小微企业的特点，积极开展风险治理服务创新，为中小微企业提供风险评估、风控治理和风险保障"一揽子"计划。二是加强银保合作，推动信息共享、信用治理技术的支持。保险与省内商业银行合作，建构起中小微企业信用数据库和信贷治理标准流程。根据中小微企业融资需求的"短、频、快、急"特点，省内有超过2/3的商业银行出台了针对中小微企业的信贷治理办法，建立了标准化、集约化的中小微企业信贷治理流程，创新推出"三品""三表""四为""八性""八看"等特色服务和治理方式，显著提高了中小微企业金融服务效率，形成了中小微企业金融服务的集群效应。银行业的标准化、集约化的中小微企业信贷治理流程，有助于中小微企业的征信系统建构，保险在这一领域，应强化与银行业的合作，结合保险的征信系统和征信信息，建构一个一体化的信息系统。

二　社会领域的协同展望

从宏阔的视野考察，我们的国家正在经历的不仅仅是经济的转型、社会的转型，也是文明的变迁、文明的转型。中国正在经历不少国家已经走过的，部分国家正在行进中的文明转型，即从传统的农耕文明向商工文明转型。商工文明是一个完整的人类生产、生活、治理和思维的文明形态，它包含了思维方式的理性化、价值观念的人本化、交换方式的市场化、生产方式的工业化、分配方式的普惠化、生活方式的城市化、组织方式的民主化、治理方式的法治化、活动范围的全球化九大特征。[①]

商工文明的转型中，思维方式理性化产生制度化风险，生产方式工业化产生环境风险、农村和农业的边缘化风险，生活方式城市化产生公共产品、公共设施、公共服务集聚化风险，交换方式的市场化推动着资源的逐利性聚集、产业的发展性转移，资源流动的市场化、全球化带来诸多风险。社会整体从农耕文明向商工文明转型，其生发的风险的生成特征、构成特征、流变特征也在不断演化。商工文明时期，自然风险、市场风险、制度风险、技术风险、治理风险、道德风险、邻避风险、养老风险等诸多风险不再是农耕文明时期社会进程中的附属性产物，而是整个社会进程中的构成性产物。商工文明的公共风险，其存在的广度和深度、发生的密度、影响的力度，都与农耕文明时期的风险截然不同，公共风险已经成为商工文明的另一个标签，一个永远不可能缺席的构成因子、流变因子、影响因子，公共风险已经在客观上成为整个商工文明社会必然面临的，也是整个商工文明公共风险治理不可不重视的具有其自身生成特征、构成特征、发展特征的治理客体。公共风险的流变，推动着公共风险的治理理念、治理模式、治理制度、治理程序和治理技术的流变。

整个社会文明转型，由经济方面、政治方面、文化方面、社会方面、环境方面等既存客观因素促发，而其转型的成功则需要经济方面、政治方面、文化方面、社会方面、环境方面的制度性和非制度性的资源统筹创新治理来护卫和推动。文明转型中的公共风险治理，是制度性和非制度性的资源统筹创新治理最为本质的内容。作为风险治理工具，保险在文明转型中有着广泛的运用范围，是公共风险治理的重要工具，不仅参与经济建设过程中的公共风险治理活动，为服务、保障经济社会的发展保驾护航，而且也参与社会建设、政治建设、文化建设、环境建设过程中的公共风险治理活动，在文明转型、社会转型、政府治理转型、民生保障中发挥着重要的作用。

保险作为风险治理工具，具有治理公共风险的功能，在社会领域，保险也能为浙江政治建设减少不安定因素，减轻公共治理压力，提供分散风险、治理风险的保障和服务。

在现代社会，政府具有双重主体身份，既是一个经济主体，也是一个公共主体。政府作为一个公共主体，在国家建设中，具备领导者、推动者和决策者、执行者等多个角色；而作为一个经济主体，在国家建设中，它是经济生活的参与者。在经济转型、社会转型和文明转型中，政府作为经济主体，当然不能独善其身，政府财产、人员等也会遇到很多公共风险，也会因为自然灾害、人化风险遭受经济损失。而作为公共主体，政府存在的唯一使命就是化解公共风险，政府是治理公共风险的法定主体。而基于政府治理公共风险所依托的资源都是公共资源，来源于社会，是一种数量有限的公共资源，也基于政府治理公共风险的行为具有行政化的内在属性，以及受治理制度、方法、形式上的保守性等诸种因素的影响，政府干预公共风险的失当（包括辨识错误和措施错误）①，必然产生诸多的财政风险、制度风险、决策风险和行为风险。而无论是经济风险还是财政风险、制度风险、决策风险、行为风险，其必然给身处枢纽地位的政府带来诸多的挑战。

（一）政府作为公共主体的风险治理与保险创新

作为公共主体，政府在治理公共风险、供给公共服务、提供公共政策和运用公共财政活动中，会产生诸多财政风险、制度风险、决策风险和行为风险。政府所面临的财政风险、制度风险、决策风险、行为风险是无法转移的，只能通过强化政府组织的风险治理、强化政府组织的过程治理、强化政府组织的财政治理、增加公共服务的供给来避免和缓解。作为对社会和公众承担公共责任、提供公共服务的公共主体，政府借力保险，推动保险创新协同公共风险治理，推动保险组织、保险资金运用、保险产品、保险服务创新参与经济建设、社会建设、文化建设、环境建设，以及在政府组织和政府行为、政府财政中引入风险治理的理念，引入保险的治理经验和风险治理流程、风险治理技术，这是政府治理财政风险、制度风险、决策风险、行为风险的创新创举。从这一意义上说，鼓励、推动、引导保险协同公共风险治理本身是政府对其财政风险、制度风险、决策风险、行为风险进行治理的一个极其重要的体现。而在政府组织和政府行为、政府财政中引入风险治理的理念，引入保险的治理经验和风险治理流程、风险治理技术，更是政府直面财政风险、制度风险、决策风险、行为风险的理智之举。

---

① 刘尚希：《论政府的公共主体身份与财政风险的两个层次》，《现代财经》2005年第6期。

伴随着人们不断深化的风险认识，以"组织风险治理"理念（即ORM）为基础的公共部门风险治理日益成为一种必然的趋势。作为公共组织，政府的存在就是为了治理公共风险，风险治理是政府公共部门的一项基本职能。但政府在进行风险治理、供给公共服务、提供公共政策和运用公共财政活动中，对财政风险、制度风险、决策风险、行为风险如何认识、如何分析以及如何治理，则是一个重大的实践课题。在这一点上，加拿大政府及其各服务机构从1997年开始推行的公共服务部门整体风险治理（IRMF）的研究和实践工作很值得借鉴。在推进IRMF过程中，政府强调政府内部的风险交流和风险容忍度的重要性，强调应用先进的风险治理思想和方法。政府推进IRMF，目的就是为政府治理财政风险、制度风险、决策风险和行为风险提供一个实践指南，帮助政府在决策过程中识别、评估那些与政策、计划、项目及其操作相关联的重要风险，适度有序治理这些重要风险，从而强化政府的责任和义务。具体而言，就重要风险如何识别与评估，IRMF强调从三个方面入手：一是对内部和外部环境的分析研究，发现机构潜在的威胁和机会；二是在机构层面的风险治理决策规划中，充分把握和意识到机构目前的风险治理状态，包括挑战、机会、能力、实践经验及文化氛围；三是绘制机构的风险图，体现关键风险领域、风险容忍度和缓解风险的能力的动态关系。在此基础上，建立一个政府公共部门IRMF职能体系。一是建立起风险治理的指挥中心，促进机构内部有关风险治理决策、操作规则的制定，推动风险治理计划的交流、理解和应用。二是借助和协同现有机构的决策机制，包括治理部门、明确的责任人，以促进IRMF方案和方法的顺利落实和推行，并借助各种绩效评价方式来对IRMF的绩效进行合理的评价。三是组织和引导开发使用整个机构的IRMF能力培育计划和建设措施，以及时应对不断变化的机构内部以及外部环境。加拿大在政府公共部门推行的这一计划，也正是风险全球化背景下对政府风险的理性回应，取得了良好的社会效益。目前，随着"组织风险治理""动态风险治理"理论的发展，澳大利亚、英国、荷兰、美国、德国、日本等国家对政府公共部门存在的财政风险、制度风险、决策风险、行为风险日渐重视，并积极引入风险治理的理念，引入保险的治理经验和风险治理流程、风险治理技术，这也是保险协同公共风险治理的大背景和历史的发展趋势。

在浙江省省一级层面上，推进物质富裕、精神富有的现代化浙江建设，离不开政府的思想建设、组织建设、作风建设和制度建设。在政府诸种建构性的实践活动中，各个领域都存在着可能发生的损失和伤害。而一些可能产生的重大的损失和伤害，对于"两个高水平"建设是一个负效应，则需要政府在建设过程中，首先在观念上重视这一情况，其次是思考如何治理。在举措上，由于目前我国政府组织、制度、决策等方面的风险经验、理念、理论、制度在微观、中观和宏观层面上都处于比较模糊的状态，因此要引入风险识别、评估和治理理念，重视对政府行政过程风险的治理。在实践路径上，（1）试点推进基层政府公共服务部门整体风险治理。作为公共主体的政府，其公共风险的治理，离不开各个领域公共风险治理资源的整合，这是一个渐进的过程，最关键的是起步。起步之初，不妨借力保险现有的一些治理经验、治理方法、治理流程、治理技术，推动、鼓励、引导保险积极参与到政府建设领域风险识别、风险评估、风险治理的体系建构、制度建设、流程建设、过程治理、行为治理中来，选择经济开放度、制度匹配度要求比较高的温州、舟山或者义乌进行省域内的试点，在这些地域内结合建构服务政府和"中国梦"的政治理想，推行基层政府公共服务部门整体风险治理试点。（2）进一步完善、规范、推进重大决策社会稳定风险评估机制的建构和实践。目前，针对政府决策推行的重大决策社会稳定风险评估机制，实质上是重大决策外部风险的治理机制。建设好这一机制，对于防范决策风险、减少决策失误，从源头上预防和化解社会矛盾具有重要意义。建设好、执行好这一机制，不仅需要政府部门自身的努力，也需要社会力量的助力，尤其是保险风险治理专家的参与及风险治理理念、经验和技术的支持。因而，在完善、规范和推进这一机制过程中，首先要提升认识，转换观念，认识到政府重大决策公共风险的识别、评估和治理的重要性，认识到识别、评估和治理重大决策公共风险的专业化、规范化、程序化的发展趋势；其次是推进政府重大决策公共风险治理人才的培养、治理法规的完善；最后，引入保险专业治理的咨询机制、参与评估机制，借力保险内的风险治理数据库和丰富的治理经验，保证政府重大决策公共风险评估的科学性。

（二）政府作为经济主体的风险治理与保险创新

基于政府双重主体中的经济主体身份，其财产风险和人员风险、责任风险也是政府建设领域中需要重视的一个问题。由于政府作为经济主体与公共主体，在与社会、与公民的外在关系上，常常是浑然一体，而不是截然剥离的，因而，政府作为经济主体承担的风险往往影响到政府作为公共主体履行公共职能，严重者甚至影响到政府作为公共主体的社会公信力，如政府部门雇用人员职务行为侵权造成严重的社会影响、政府部门中高危岗位人员的不及时作为问题等。这些问题的解决，有待于宏观观念上进一步推动政府经济主体和公共主体分野，宏观体制上通过进一步供给制度、进一步治理来驱动、保障分野，这需要一个较长的发展时期。但在微观上，适当地引入保险，将政府作为经济主体承载的经济风险、法律风险、公共风险转由保险来承担，从而化解政府作为公共主体承受的源自其作为经济主体而生发的治理压力和社会压力，在理论上和技术上是可行的。从理论上来看，政府所拥有的财产的风险，其任用的工作人员、雇用人员所遭受的风险，以及工作人员、雇用人员在工作中可能产生的对社会、对他人的责任，从风险的类型来看，都是可商业化治理的风险。从技术上来讲，政府作为经济主体承受的这些经济风险、法律风险、公共风险，符合保险大数法则的原理，在保险技术上是可以量化、规则化的风险，在一般的社会环境中，与一般的经济主体承担的经济风险、法律风险、公共风险没有什么特殊的区别。目前其在微观上遇到的障碍主要来自观念上的、政策上的。政府作为经济主体面临风险，是否需要保险参与其中，答案是毋庸置疑的。当今，政府作为公共主体面临风险，世界的普遍趋势是建构起整体风险评估、治理的体系，引导、推动、鼓励保险积极参与整体风险评估、治理的体系；目前中国也在逐渐建立起重大决策社会稳定风险评估机制，也在推动保险积极参与其中。政府对其作为经济主体面临风险，还有什么理由拒绝保险供给专业化的风险治理呢？因而，政府在建设领域的风险治理中需要进一步转换观念，在此基础上，思考政府作为经济主体面临风险时可能采取的模式，并进而在政策上推动这一模式的推进。由各级政府自担风险的传统模式显然是一个逐渐被淘汰的模式，而对于政府主导、保险参与模式和保险主导、政府监管模式这两个理论模式，在目前的改革进程中，保险主导、政府监管模式是一个需要很大推动力、诸多政策支撑的模式，暂时来看，还无法一步到位，只能是一个居次的选项。而政府主导、保险参与模式比较切合转型社会的需求，是现阶段比较理想的选择。从推动资源要素市场化配置、减少政府可能面对的不安定因素、减轻公共治理压力角度考虑，在浙江省省域内，保险创新参与政府作为经济主体角色的公共风险治理，需要政府方面政策的推动。具体的实践进路，可选择在一定的区域内从基层进行试点，逐渐推进政府行政主导、保险协同治理、政府适度自担相结合的风险治理模式。目前而言，政府对于高危工作安全险、雇用人员责任险也迫切需要市场化治理，因而，应推动省内保险公司创新推出这方面的保险产品，推动保险为政府这方面的风险提供相应的治理服务，鼓励省域内各级政府积极试点财产险、健康险、高危工作安全险、雇用人员责任险，通过保险提供的风险治理技术和风险治理服务，统筹治理政府可能面对的财产风险、人员风险、责任风险，化解政府作为经济主体可能面对的诸多公共风险，为政府履行其作为公共主体的社会责任起到保驾护航的作用。

三　环境领域的协同展望

在浙江，建设现代化生态浙江是推进浙江经济、社会全面、协调、可持续发展的重要内容。在具体推进浙江经济建设、社会建设过程中，浙江环境建设领域生发的公共风险，一方面需要保险在保险资金运用、保险产品、保险服务、保险技术方面勇于创新，建构起环境风险、邻避风险的商业化、标准化评估机制和商业化、准则化的补偿机制；另一方面也需要政府在治理环境风险、邻避风险过程中，借力保险在治理环境风险和邻避风险方面的资源优势，引导、推动保险在环境风险治理、邻避风险治理等领域进行创新，为目前各地试点的环境保险提供公共财政或者公共政策支持，推动试点的环境保险转为政策性环境保险和强制性环境保险，推动、保障保险积极参与浙江环境建设、生态建设领域的公共风险治理活动。

具体而言，浙江省深入实施"811"生态文明建设行动，其中，生态保护工程、生态修复工程、生态补偿机制、生态奖惩机制实质上是对环境风险、生态风险在浙江省域内的宏观统筹。而环境风险和生态风险宏观统筹，既包括行政性的宏观统筹，也包括商业性的宏观统筹，而保险对环境风险、生态风险的宏观统筹，是商业性统筹中极为重要的一极。环境风险往往是由生产生活行为的负外部性产生的。个人或者厂商的行为对特定的他人或者不特定的公众的健康、安全、生活、生产产生负面的影响，却没有支付相应的对价，就出现了负外部性，也即对行为人以外的他人或者公众的负面影响。环境风险有些直接来自环境中排放的有害物质，有些来自环境中排放的有害物质的累积，还有的则来自环境中排放的有害物质的综合。环境风险对主体负面影响的多样性，导致了承担负外部性的主体一时难以明确受影响之事实，另外，由于环境风险存在的累积性、潜在性，这也使得是谁造成了环境的负外部性难以明证。同时，由于环境具有开放性，环境无从以边界来定之，承担负外部性的主体也难以生成明确的自我认同。因此，在环境风险生成机制中，具体的行为人和负外部性的具体承受人都处于"无知之幕"下，处于某种意义上的缺位状态。在环境风险负外部性的解决上，一般情况下，无法通过具体的行为人与负外部性的具体承担人之间形成支付补偿关系来圆满地解决。但是，随着风险的累积，环境的承载能力毕竟是有限的。现实生活中，各种环境风险、环境问题集中暴发，使得政府和社会不得不反思环境风险的治理。

一般情况下，环境风险的主体是缺席的，环境往往没有主体边界，人人都有可能成为环境风险中的受害者，承受环境风险负外部性影响。环境风险是一个开放式的风险，而且环境中的有害物质从来都是循环流动的，在主体不断流动的过程中，环境风险将成为全球化的风险。就省域内而言，环境风险也将是全省化的风险。如何统筹环境风险将是今后人类发展必须面对的一个极其重要的课题。

就浙江省域内环境风险的统筹而言，最根本的还是应该依据环境风险生成的机理来选择统筹环境风险的方式。其中，最核心的是需要运用强制性的环境保险，解决环境风险存在的负外部性，通过在全省范围内强制实施环境保险，由产生环境风险的行为主体承担相应的费用和成本，用以补偿承担环境负外部性的主体和区域，对省域内生态环境进行保护、修复。

首先，一般情况下，基于环境风险主体的缺位，国家、政府和社会应该承担起负外部性承受主体缺位时维护公共利益的责任，在公共政策方面，制定相应的风险识别标准和风险评估标准，积极引导、推出政策性环境保险。对于那些累积型、综合型的环境风险，建立环境风险的评估机制、补偿机制，推行强制性的环境保险，并且对强制性的环境保险实施专业化的监管，对统筹资金进行统一运用。对于那些流动型、转移型的环境风险（如水污染、大气污染），在实施强制性的环境保险的同时，推进环境风险省域间（长三角省域间）、省域内区域间（如钱塘江流域）统筹磋商机制，实施省域间、省域内区域间的补偿机制和奖惩机制。就浙江省内目前出现的环境问题而言，"城市雾霾"是一个迫切需要解决的问题。在"城市雾霾"的解决路径上，目前有些地方试行征收"汽车排污费"，通过行政治理的路径来解决，可能会面临比较大的社会压力和社会阻力，而且征收统筹的资金如何运作、使用方向是什么也需要一个合理的解释。如果从环境风险这一角度来看，汽车排污无疑是一个累积型环境风险，汽车排污产生的负外部性，对生活在城市环境中的居民而言，无疑会产生重大的影响。因而，推行汽车排污政策性保险，在目前来说，是一个比较可取的进路。具体在推行这一政策性保险时，需要解决如下几个问题。一是明确适用汽车排污政策性保险的地域范围。对于是否推行汽车排污政策性保险，需要确立一个比较客观的标准，比如说，以每年的雾霾天气出现的比例为标准，符合这一标准之上的地域，强制实施汽车排污政策性保险，这一标准以下的地域，则不予以推行。二是合理确立汽车排污费资金统筹的使用方向。汽车排污保险属于政策性、强制性的保险，其保险费使用遵循属地化使用原则，如一定比例的费用用于完善公共交通系统，一定比例的费用用于补充特定类型的疾病补助，一定比例的费用用于生态补偿基金和生态奖励基金。三是确定合理的保险费率。可以依据每年的雾霾天气出现的比例，设定动态的保险费率，比例高，则保险费率高，比例低，则保险费率低。

其次，在特殊情况下，环境风险的产生者和承受者比较明确，两者并不处于"无知之幕"下。环境风险有着明确的产生者，导致因风险项目的地缘关系可能遭受该风险项目负面影响的社会公众的极力抵制，甚至引发群体事件。这种环境风险就属于邻避风险。因风险项目的负外部性有着相对明确的承受者，在人们对环境风险日益关注的现代化建设中，即使这些风险项目能够给广大的公众带来利益，其可能产生的危害也使得项目所在地公众强烈地反对。对于这样的问题，政府如何面对？在城市化推进的过程中，特别是在一些大型的公共设施、基础设施建设推进过程中，邻避风险如何解决，确实是需要特别重视的一个问题。解决邻避风险，首先需要从解决风险项目的负外部性来推动。即使是公共设施，其受益人范围和受害人范围之间也并不是对等的，如果是对等的，那么由行为人自行决定是否推进风险项目是比较理想的解决方式。

正因为不对等，因而需要解决风险项目的负外部性；而保险创新为可能遭受风险的主体提供可靠的风险保障，对于解决风险项目的负外部性无疑是一种可以探索的路径。对于浙江环境建设中产生邻避风险的有关风险项目，浙江省可以在政府的主导下，推动商业化保险机制参与。随着"雾霾""毒土壤""癌症村"等环境问题的暴发，人们日益关注环境安全和环境健康：无论是累积型、综合型的风险，还是直接型的风险；无论是历史既成问题还是预防性的问题，都需要严格实施强制性的环境风险保险和邻避风险保险。邻避风险的保险支出是风险项目产品成本、服务成本不可缺少的组成部分。现代化建设过程中，即使政府供给公共产品和服务，也不能忽视运用产品、服务的价格机制来调节风险承担者和服务、产品购买者之间的平衡。一方面，通过环境风险保险、邻避风险保险强制实施，影响产品的市场价格，最终由市场决定风险项目的命运；另一方面，实施环境风险保险，为生态保护和生态修复累积建设资金，实施邻避风险保险，为风险承受人提供安全、健康保障和经济补偿。具体实施邻避风险保险，需要注意以下几个基本的问题。一是邻避风险保险的模式：邻避风险保险属于政策性强制保险，其保险费有着专门的、特殊的治理要求和使用方向，应不以营利为目的，因而，模式上应选择专业化的发展方向，由政府主导，而具体在实施、执行上则可选择1~2家资信良好的保险公司来运营。二是邻避风险保险产品的设计：要能切实解决邻避风险，真正能有效解决产品、服务的负外部性；而不能搞形式主义，千篇一律。因而，需要在邻避风险保险产品设计时注意如下几个要素：风险项目风险的客观认识、客观评价，风险项目负外部性影响的范围、自控范围和可能的风险，遭受风险的主体分层化、精细化回应，把握风险项目可能发生的最大范围、领域是什么，发生的最核心范围、领域是什么，把握最大范围和最核心范围中风险承担者不同的保险需求。三是邻避风险保险定价的基础：立足于风险救济，立足于生态保护和生态恢复，立足于风险承受者的保障诉求，立足于社会经济的发展来合理地、动态地确定。四是具体的推进路径：选择比较典型的、社会比较关注的风险项目，由政府牵头，推动保险公司积极介入，设计出合理的邻避风险保险产品，积累一定经验后，在全省范围内铺开，进而辅之以政策，强制实施邻避风险保险。

国务院关于保险业改革发展的若干意见

各省、自治区、直辖市人民政府，国务院各部委、各直属机构：

改革开放特别是党的十六大以来，我国保险业改革发展取得了举世瞩目的成就。保险业务快速增长，服务领域不断拓宽，市场体系日益完善，法律法规逐步健全，监管水平不断提高，风险得到有效防范，整体实力明显增强，在促进改革、保障经济、稳定社会、造福人民等方面发挥了重要作用。但是，由于保险业起步晚、基础薄弱、覆盖面不宽，功能和作用发挥不充分，与全面建设小康社会和构建社会主义和谐社会的要求不相适应，与建立完善的社会主义市场经济体制不相适应，与经济全球化、金融一体化和全面对外开放的新形势不相适应。面向未来，保险业发展站在一个新的历史起点上，发展的潜力和空间巨大。为全面贯彻落实科学发展观，明确今后一个时期保险业改革发展的指导思想、目标任务和政策措施，加快保险业改革发展，促进社会主义和谐社会建设，现提出如下意见：

一　充分认识加快保险业改革发展的重要意义

保险具有经济补偿、资金融通和社会管理功能，是市场经济条件下风险管理的基本手段，是金融体系和社会保障体系的重要组成部分，在社会主义和谐社会建设中具有重要作用。

加快保险业改革发展有利于应对灾害事故风险，保障人民生命财产安全和经济稳定运行。我国每年因自然灾害和交通、生产等各类事故造成的人民生命财产损失巨大。由于受体制机制等因素制约，企业和家庭参加保险的比例过低，仅有少部分灾害事故损失能够通过保险获得补偿，既不利于及时恢复生产生活秩序，又增加了政府财政和事务负担。加快保险业改革发展，建立市场化的灾害、事故补偿机制，对完善灾害防范和救助体系，增强全社会抵御风险的能力，促进经济又快又好发展，具有不可替代的重要作用。

加快保险业改革发展有利于完善社会保障体系，满足人民群众多层次的保障需求。我国正处在完善社会主义市场经济体制的关键时期，人口老龄化进程加快，人民生活水平提高，保障需求不断增强。加快保险业改革发展，鼓励和引导人民群众参加商业养老、健康等保险，对完善社会保障体系，提高全社会保障水平，扩大居民消费需求，实现社会稳定与和谐，具有重要的现实意义。

加快保险业改革发展有利于优化金融资源配置，完善社会主义市场经济体制。我国金融体系发展不平衡，间接融资比例过高，影响了金融资源配置效率，不利于金融风险的分散和化解。本世纪头 20 年是我国加快发展的重要战略机遇期，金融在现代经济中的核心作用更为突出。加快保险业改革发展，发挥保险在金融资源配置中的重要作用，促进货币市场、资本市场和保险市场协调发展，对健全金融体系，完善社会主义市场经济体制，具有重要意义。

加快保险业改革发展有利于社会管理和公共服务创新，提高政府行政效能。随着行政管理体制改革的深入，政府必须整合各种社会资源，充分运用市场机制和手段，不断改进社会管理和公共服务。加快保险业改革发展，积极引入保险机制参与社会管理，协调各种利益关系，有效化解社会矛盾和纠纷，推进公共服务创新，对完善社会化经济补偿机制，进一步转变政府职能，提高政府行政效能，具有重要的促进作用。

二　加快保险业改革发展的指导思想、总体目标和主要任务

随着我国经济社会发展水平的提高和社会主义市场经济体制的不断完善，人民群众对保险的认识进一步加深，保险需求日益增强，保险的作用更加突出，发展的基础和条件日趋成熟，加快保险业改革发展成为促进社会主义和谐社会建设的必然要求。

加快保险业改革发展的指导思想是：以邓小平理论和"三个代表"重要思想为指导，坚持以人为本、全面协调可持续的科学发展观，立足改革发展稳定大局，着力解决保险业与经济社会发展和人民生活需求不相适应的矛盾，深化改革，加快发展，做大做强，发展中国特色的保险业，充分发挥保险的经济"助推器"和社会"稳定器"作用，为全面建设小康社会和构建社会主义和谐社会服务。

总体目标是：建设一个市场体系完善、服务领域广泛、经营诚信规范、偿付能力充足、综合竞争力较强，发展速度、质量和效益相统一的现代保险业。围绕这一目标，主要任务是：拓宽保险服务领域，积极发展财产保险、人身保险、再保险和保险中介市场，健全保险市场体系；继续深化体制机制改革，完善公司治理结构，提升对外开放的质量和水平，增强国际竞争力和可持续发展能力；推进自主创新，调整优化结构，转变增长方式，不断提高服务水平；加强保险资金运用管理，提高资金运用水平，为国民经济建设提供资金支持；加强和

改善监管，防范化解风险，切实保护被保险人合法权益；完善法规政策，宣传普及保险知识，加快建立保险信用体系，推动诚信建设，营造良好发展环境。

三　积极稳妥推进试点，发展多形式、多渠道的农业保险

认真总结试点经验，研究制定支持政策，探索建立适合我国国情的农业保险发展模式，将农业保险作为支农方式的创新，纳入农业支持保护体系。发挥中央、地方、保险公司、龙头企业、农户等各方面的积极性，发挥农业部门在推动农业保险立法、引导农民投保、协调各方关系、促进农业保险发展等方面的作用，扩大农业保险覆盖面，有步骤地建立多形式经营、多渠道支持的农业保险体系。

明确政策性农业保险的业务范围，并给予政策支持，促进我国农业保险的发展。改变单一、事后财政补助的农业灾害救助模式，逐步建立政策性农业保险与财政补助相结合的农业风险防范与救助机制。探索中央和地方财政对农户投保给予补贴的方式、品种和比例，对保险公司经营的政策性农业保险适当给予经营管理费补贴，逐步建立农业保险发展的长效机制。完善多层次的农业巨灾风险转移分担机制，探索建立中央、地方财政支持的农业再保险体系。

探索发展相互制、合作制等多种形式的农业保险组织。鼓励龙头企业资助农户参加农业保险。支持保险公司开发保障适度、保费低廉、保单通俗的农业保险产品，建立适合农业保险的服务网络和销售渠道。支持农业保险公司开办特色农业和其他涉农保险业务，提高农业保险服务水平。

四　统筹发展城乡商业养老保险和健康保险，完善多层次社会保障体系

适应完善社会主义市场经济体制和建设社会主义新农村的新形

势，大力发展商业养老保险和健康保险等人身保险业务，满足城乡人民群众的保险保障需求。

积极发展个人、团体养老等保险业务。鼓励和支持有条件的企业通过商业保险建立多层次的养老保障计划，提高员工保障水平。充分发挥保险机构在精算、投资、账户管理、养老金支付等方面的专业优势，积极参与企业年金业务，拓展补充养老保险服务领域。大力推动健康保险发展，支持相关保险机构投资医疗机构。努力发展适合农民的商业养老保险、健康保险和意外伤害保险。建立节育手术保险和农村计划生育家庭养老保险制度。积极探索保险机构参与新型农村合作医疗管理的有效方式，推动新型农村合作医疗的健康发展。

五 大力发展责任保险，健全安全生产保障和突发事件应急机制

充分发挥保险在防损减灾和灾害事故处置中的重要作用，将保险纳入灾害事故防范救助体系。不断提高保险机构风险管理能力，利用保险事前防范与事后补偿相统一的机制，充分发挥保险费率杠杆的激励约束作用，强化事前风险防范，减少灾害事故发生，促进安全生产和突发事件应急管理。

采取市场运作、政策引导、政府推动、立法强制等方式，发展安全生产责任、建筑工程责任、产品责任、公众责任、执业责任、董事责任、环境污染责任等保险业务。在煤炭开采等行业推行强制责任保险试点，取得经验后逐步在高危行业、公众聚集场所、境内外旅游等方面推广。完善高危行业安全生产风险抵押金制度，探索通过专业保险公司进行规范管理和运作。进一步完善机动车交通事故责任强制保险制度。通过试点，建立统一的医疗责任保险。推动保险业参与"平安建设"。

六 推进自主创新，提升服务水平

健全以保险企业为主体、以市场需求为导向、引进与自主创新相

结合的保险创新机制。发展航空航天、生物医药等高科技保险，为自主创新提供风险保障。稳步发展住房、汽车等消费信贷保证保险，促进消费增长。积极推进建筑工程、项目融资等领域的保险业务。支持发展出口信用保险，促进对外贸易和投资。努力开发满足不同层次、不同职业、不同地区人民群众需求的各类财产、人身保险产品，优化产品结构，拓宽服务领域。

运用现代信息技术，提高保险产品科技含量，发展网上保险等新的服务方式，全面提升服务水平。提高保险精算水平，科学厘定保险费率。大力推进条款通俗化和服务标准化。加强保险营销员教育培训，提升营销服务水平。发挥保险中介机构在承保理赔、风险管理和产品开发方面的积极作用，提供更加专业和便捷的保险服务。加快发展再保险，促进再保险市场和直接保险市场协调发展。统筹保险业区域发展，提高少数民族地区和欠发达地区保险服务水平。

鼓励发展商业养老保险、健康保险、责任保险等专业保险公司。支持具备条件的保险公司通过重组、并购等方式，发展成为具有国际竞争力的保险控股（集团）公司。稳步推进保险公司综合经营试点，探索保险业与银行业、证券业更广领域和更深层次的合作，提供多元化和综合性的金融保险服务。

七 提高保险资金运用水平，支持国民经济建设

深化保险资金运用体制改革，推进保险资金专业化、规范化、市场化运作，提高保险资金运用水平。建立有效的风险控制和预警机制，实行全面风险管理，确保资产安全。

保险资产管理公司要树立长期投资理念，按照安全性、流动性和收益性相统一的要求，切实管好保险资产。允许符合条件的保险资产管理公司逐步扩大资产管理范围。探索保险资金独立托管机制。

在风险可控的前提下，鼓励保险资金直接或间接投资资本市场，逐步提高投资比例，稳步扩大保险资金投资资产证券化产品的规模和品种，开展保险资金投资不动产和创业投资企业试点。支持保险资金参股商业银行。支持保险资金境外投资。根据国民经济发展的需求，不断拓宽保险资金运用的渠道和范围，充分发挥保险资金长期性和稳定性的优势，为国民经济建设提供资金支持。

八　深化体制改革、提高开放水平，增强可持续发展能力

进一步完善保险公司治理结构，规范股东会、董事会、监事会和经营管理者的权责，形成权力机构、决策机构、监督机构和经营管理者之间的制衡机制。加强内控制度建设和风险管理，强化法人机构管控责任，完善和落实保险经营责任追究制。转换经营机制，建立科学的考评体系，探索规范的股权、期权等激励机制。实施人才兴业战略，深化人才体制改革，优化人才结构，建立一支高素质人才队伍。

统筹国内发展与对外开放，充分利用两个市场、两种资源，增强保险业在全面对外开放条件下的竞争能力和发展能力。认真履行加入世贸组织承诺，促进中外资保险公司优势互补、合作共赢、共同发展。支持具备条件的境内保险公司在境外设立营业机构，为"走出去"战略提供保险服务。广泛开展国际保险交流，积极参与制定国际保险规则。强化与境外特别是周边国家和地区保险监管机构的合作，加强跨境保险业务监管。

九　加强和改善监管，防范化解风险

坚持把防范风险作为保险业健康发展的生命线，不断完善以偿付能力、公司治理结构和市场行为监管为支柱的现代保险监管制度。加强偿付能力监管，建立动态偿付能力监管指标体系，健全精算制度，统一财务统计口径和绩效评估标准。参照国际惯例，研究制定符合保

险业特点的财务会计制度，保证财务数据真实、及时、透明，提高偿付能力监管的科学性和约束力。深入推进保险公司治理结构监管，规范关联交易，加强信息披露，提高透明度。强化市场行为监管，改进现场、非现场检查，严厉查处保险经营中的违法违规行为，提高市场行为监管的针对性和有效性。

按照高标准、规范化的要求，严格保险市场准入，建立市场化退出机制。实施分类监管，扶优限劣。健全保险业资本补充机制。完善保险保障基金制度，逐步实现市场化、专业化运作。建立和完善保险监管信息系统，提高监管效率。

规范行业自保、互助合作保险等保险组织形式，整顿规范行业或企业自办保险行为，并统一纳入保险监管。研究并逐步实施对保险控股（集团）公司并表监管。健全保险业与其他金融行业之间的监管协调机制，防范金融风险跨行业传递，维护国家经济金融安全。

加快保险信用体系建设，培育保险诚信文化。加强从业人员诚信教育，强化失信惩戒机制，切实解决误导和理赔难等问题。加强保险行业自律组织建设。建立保险纠纷快速处理机制，切实保护被保险人合法权益。

十　进一步完善法规政策，营造良好发展环境

加快保险业改革发展，既要坚持发挥市场在资源配置中的基础性作用，又要加强政府宏观调控和政策引导，加大政策支持力度。根据不同险种的性质，按照区别对待的原则，探索对涉及国计民生的政策性保险业务给予适当的税收优惠，鼓励人民群众和企业积极参加保险。立足我国国情，结合税制改革，完善促进保险业发展的税收政策。不断完善保险营销员从业和权益保障的政策措施。建立国家财政支持的巨灾风险保险体系。修改完善保险法，加快推进农业保险法律法规

建设，研究推动商业养老、健康保险和责任保险以及保险资产管理等方面的立法工作，健全保险法规规章体系。将保险教育纳入中小学课程，发挥新闻媒体的正面宣传和引导作用，普及保险知识，提高全民风险和保险意识。

各地区、各部门要充分认识加快保险业改革发展的重要意义，加强沟通协调和配合，努力做到学保险、懂保险、用保险，提高运用保险机制促进社会主义和谐社会建设的能力和水平。要将保险业纳入地方或行业的发展规划统筹考虑，认真落实各项法规政策，为保险业改革发展创造良好环境。要坚持依法行政，切实维护保险企业的经营自主权及其他合法权益。保监会要不断提高引领保险业发展和防范风险的能力和水平，认真履行职责，加强分类指导，推动政策落实。通过全社会的共同努力，实现保险业又快又好发展，促进社会主义和谐社会建设。

国务院

二○○六年六月十五日

国务院关于加快发展现代保险
服务业的若干意见

各省、自治区、直辖市人民政府，国务院各部委、各直属机构：

保险是现代经济的重要产业和风险管理的基本手段，是社会文明水平、经济发达程度、社会治理能力的重要标志。改革开放以来，我国保险业快速发展，服务领域不断拓宽，为促进经济社会发展和保障人民群众生产生活作出了重要贡献。但总体上看，我国保险业仍处于发展的初级阶段，不能适应全面深化改革和经济社会发展的需要，与现代保险服务业的要求还有较大差距。加快发展现代保险服务业，对完善现代金融体系、带动扩大社会就业、促进经济提质增效升级、创新社会治理方式、保障社会稳定运行、提升社会安全感、提高人民群众生活质量具有重要意义。为深入贯彻党的十八大和十八届二中、三中全会精神，认真落实党中央和国务院决策部署，加快发展现代保险服务业，现提出以下意见。

一　总体要求

（一）指导思想。以邓小平理论、"三个代表"重要思想、科学发展观为指导，立足于服务国家治理体系和治理能力现代化，把发展现代保险服务业放在经济社会工作整体布局中统筹考虑，以满足社会日益增长的多元化保险服务需求为出发点，以完善保险经济补偿机制、强化风险管理核心功能和提高保险资金配置效率为方向，改革创新、扩大开放、健全市场、优化环境、完善政策，建设有市场竞争力、富有创造力和充满活力的现代保险服务业，使现代保险服务业成为完善金融体系的支柱力量、改善民生保障的有力支撑、创新社会管理的有效机制、促进经济提质增效升级的高效引擎和转变政府职能的重要抓手。

（二）基本原则。一是坚持市场主导、政策引导。对商业化运作的保险业务，营造公平竞争的市场环境，使市场在资源配置中起决定性作用；对具有社会公益性、关系国计民生的保险业务，创造低成本的政策环境，给予必要的扶持；对服务经济提质增效升级具有积极作用但目前基础薄弱的保险业务，更好发挥政府的引导作用。二是坚持改革创新、扩大开放。全面深化保险业体制机制改革，提升对内对外开放水平，引进先进经营管理理念和技术，释放和激发行业持续发展和创新活力。增强保险产品、服务、管理和技术创新能力，促进市场主体差异化竞争、个性化服务。三是坚持完善监管、防范风险。完善保险法制体系，加快推进保险监管现代化，维护保险消费者合法权益，规范市场秩序。处理好加快发展和防范风险的关系，守住不发生系统性区域性金融风险的底线。

（三）发展目标。到 2020 年，基本建成保障全面、功能完善、安全稳健、诚信规范，具有较强服务能力、创新能力和国际竞争力，与我国经济社会发展需求相适应的现代保险服务业，努力由保险大国向保险强国转变。保险成为政府、企业、居民风险管理和财富管理的基本手段，成为提高保障水平和保障质量的重要渠道，成为政府改进公共服务、加强社会管理的有效工具。保险深度（保费收入/国内生产总值）达到 5%，保险密度（保费收入/总人口）达到 3500 元/人。保险的社会"稳定器"和经济"助推器"作用得到有效发挥。

二　构筑保险民生保障网，完善多层次社会保障体系

（四）把商业保险建成社会保障体系的重要支柱。商业保险要逐步成为个人和家庭商业保障计划的主要承担者、企业发起的养老健康保障计划的重要提供者、社会保险市场化运作的积极参与者。支持有条件的企业建立商业养老健康保障计划。支持保险机构大力拓展企业年金等业务。充分发挥商业保险对基本养老、医疗保险的补充作用。

（五）创新养老保险产品服务。为不同群体提供个性化、差异化的养老保障。推动个人储蓄性养老保险发展。开展住房反向抵押养老保险试点。发展独生子女家庭保障计划。探索对失独老人保障的新模式。发展养老机构综合责任保险。支持符合条件的保险机构投资养老服务产业，促进保险服务业与养老服务业融合发展。

（六）发展多样化健康保险服务。鼓励保险公司大力开发各类医疗、疾病保险和失能收入损失保险等商业健康保险产品，并与基本医疗保险相衔接。发展商业性长期护理保险。提供与商业健康保险产品相结合的疾病预防、健康维护、慢性病管理等健康管理服务。支持保险机构参与健康服务业产业链整合，探索运用股权投资、战略合作等方式，设立医疗机构和参与公立医院改制。

三　发挥保险风险管理功能，完善社会治理体系

（七）运用保险机制创新公共服务提供方式。政府通过向商业保险公司购买服务等方式，在公共服务领域充分运用市场化机制，积极

探索推进具有资质的商业保险机构开展各类养老、医疗保险经办服务，提升社会管理效率。按照全面开展城乡居民大病保险的要求，做好受托承办工作，不断完善运作机制，提高保障水平。鼓励发展治安保险、社区综合保险等新兴业务。支持保险机构运用股权投资、战略合作等方式参与保安服务产业链整合。

（八）发挥责任保险化解矛盾纠纷的功能作用。强化政府引导、市场运作、立法保障的责任保险发展模式，把与公众利益关系密切的环境污染、食品安全、医疗责任、医疗意外、实习安全、校园安全等领域作为责任保险发展重点，探索开展强制责任保险试点。加快发展旅行社、产品质量以及各类职业责任保险、产品责任保险和公众责任保险，充分发挥责任保险在事前风险预防、事中风险控制、事后理赔服务等方面的功能作用，用经济杠杆和多样化的责任保险产品化解民事责任纠纷。

四　完善保险经济补偿机制，提高灾害救助参与度

（九）将保险纳入灾害事故防范救助体系。提升企业和居民利用商业保险等市场化手段应对灾害事故风险的意识和水平。积极发展企业财产保险、工程保险、机动车辆保险、家庭财产保险、意外伤害保险等，增强全社会抵御风险的能力。充分发挥保险费率杠杆的激励约束作用，强化事前风险防范，减少灾害事故发生，促进安全生产和突发事件应急管理。

（十）建立巨灾保险制度。围绕更好保障和改善民生，以制度建设为基础，以商业保险为平台，以多层次风险分担为保障，建立巨灾保险制度。研究建立巨灾保险基金、巨灾再保险等制度，逐步形成财政支持下的多层次巨灾风险分散机制。鼓励各地根据风险特点，探索对台风、地震、滑坡、泥石流、洪水、森林火灾等灾害的有效保障模

式。制定巨灾保险法规。建立核保险巨灾责任准备金制度。建立巨灾风险管理数据库。

五　大力发展"三农"保险，创新支农惠农方式

（十一）积极发展农业保险。按照中央支持保大宗、保成本，地方支持保特色、保产量，有条件的保价格、保收入的原则，鼓励农民和各类新型农业经营主体自愿参保，扩大农业保险覆盖面，提高农业保险保障程度。开展农产品目标价格保险试点，探索天气指数保险等新兴产品和服务，丰富农业保险风险管理工具。落实农业保险大灾风险准备金制度。健全农业保险服务体系，鼓励开展多种形式的互助合作保险。健全保险经营机构与灾害预报部门、农业主管部门的合作机制。

（十二）拓展"三农"保险广度和深度。各地根据自身实际，支持保险机构提供保障适度、保费低廉、保单通俗的"三农"保险产品。积极发展农村小额信贷保险、农房保险、农机保险、农业基础设施保险、森林保险，以及农民养老健康保险、农村小额人身保险等普惠保险业务。

六　拓展保险服务功能，促进经济提质增效升级

（十三）充分发挥保险资金长期投资的独特优势。在保证安全性、收益性前提下，创新保险资金运用方式，提高保险资金配置效率。鼓励保险资金利用债权投资计划、股权投资计划等方式，支持重大基础设施、棚户区改造、城镇化建设等民生工程和国家重大工程。鼓励保险公司通过投资企业股权、债权、基金、资产支持计划等多种形式，在合理管控风险的前提下，为科技型企业、小微企业、战略性新兴产业等发展提供资金支持。研究制定保险资金投资创业投资基金相关政策。

（十四）促进保险市场与货币市场、资本市场协调发展。进一步

发挥保险公司的机构投资者作用，为股票市场和债券市场长期稳定发展提供有力支持。鼓励设立不动产、基础设施、养老等专业保险资产管理机构，允许专业保险资产管理机构设立夹层基金、并购基金、不动产基金等私募基金。稳步推进保险公司设立基金管理公司试点。探索保险机构投资、发起资产证券化产品。探索发展债券信用保险。积极培育另类投资市场。

（十五）推动保险服务经济结构调整。建立完善科技保险体系，积极发展适应科技创新的保险产品和服务，推广国产首台首套装备的保险风险补偿机制，促进企业创新和科技成果产业化。加快发展小微企业信用保险和贷款保证保险，增强小微企业融资能力。积极发展个人消费贷款保证保险，释放居民消费潜力。发挥保险对咨询、法律、会计、评估、审计等产业的辐射作用，积极发展文化产业保险、物流保险，探索演艺、会展责任险等新兴保险业务，促进第三产业发展。

（十六）加大保险业支持企业"走出去"的力度。着力发挥出口信用保险促进外贸稳定增长和转型升级的作用。加大出口信用保险对自主品牌、自主知识产权、战略性新兴产业的支持力度，重点支持高科技、高附加值的机电产品和大型成套设备，简化审批程序。加快发展境外投资保险，以能源矿产、基础设施、高新技术和先进制造业、农业、林业等为重点支持领域，创新保险品种，扩大承保范围。稳步放开短期出口信用保险市场，进一步增加市场经营主体。积极发展航运保险。拓展保险资金境外投资范围。

七　推进保险业改革开放，全面提升行业发展水平

（十七）深化保险行业改革。继续深化保险公司改革，加快建立现代保险企业制度，完善保险公司治理结构。全面深化寿险费率市场化改革，稳步开展商业车险费率市场化改革。深入推进保险市场准入、

退出机制改革。加快完善保险市场体系，支持设立区域性和专业性保险公司，发展信用保险专业机构。规范保险公司并购重组。支持符合条件的保险公司在境内外上市。

（十八）提升保险业对外开放水平。推动保险市场进一步对内对外开放，实现"引进来"和"走出去"更好结合，以开放促改革促发展。鼓励中资保险公司尝试多形式、多渠道"走出去"，为我国海外企业提供风险保障。支持中资保险公司通过国际资本市场筹集资金，多种渠道进入海外市场。努力扩大保险服务出口。引导外资保险公司将先进经验和技术植入中国市场。

（十九）鼓励保险产品服务创新。切实增强保险业自主创新能力，积极培育新的业务增长点。支持保险公司积极运用网络、云计算、大数据、移动互联网等新技术促进保险业销售渠道和服务模式创新。大力推进条款通俗化和服务标准化，鼓励保险公司提供个性化、定制化产品服务，减少同质低效竞争。推动保险公司转变发展方式，提高服务质量，努力降低经营成本，提供质优价廉、诚信规范的保险产品和服务。

（二十）加快发展再保险市场。增加再保险市场主体。发展区域性再保险中心。加大再保险产品和技术创新力度。加大再保险对农业、交通、能源、化工、水利、地铁、航空航天、核电及其他国家重点项目的大型风险、特殊风险的保险保障力度。增强再保险分散自然灾害风险的能力。强化再保险对我国海外企业的支持保障功能，提升我国在全球再保险市场的定价权、话语权。

（二十一）充分发挥保险中介市场作用。不断提升保险中介机构的专业技术能力，发挥中介机构在风险定价、防灾防损、风险顾问、损失评估、理赔服务等方面的积极作用，更好地为保险消费者提供增值服务。优化保险中介市场结构，规范市场秩序。稳步推进保险营销体制改革。

八 加强和改进保险监管，防范化解风险

（二十二）推进监管体系和监管能力现代化。坚持机构监管与功能监管相统一，宏观审慎监管与微观审慎监管相统一，加快建设以风险为导向的保险监管制度。加强保险公司治理和内控监管，改进市场行为监管，加快建设第二代偿付能力监管制度。完善保险法规体系，提高监管法制化水平。积极推进监管信息化建设。充分发挥保险行业协会等自律组织的作用。充分利用保险监管派出机构资源，加强基层保险监管工作。

（二十三）加强保险消费者合法权益保护。推动完善保险消费者合法权益保护法律法规和规章制度。探索建立保险消费纠纷多元化解决机制，建立健全保险纠纷诉讼、仲裁与调解对接机制。加大保险监管力度，监督保险机构全面履行对保险消费者的各项义务，严肃查处各类损害保险消费者合法权益的行为。

（二十四）守住不发生系统性区域性金融风险的底线。加强保险业全面风险管理，建立健全风险监测预警机制，完善风险应急预案，优化风险处置流程和制度，提高风险处置能力。强化责任追究，增强市场约束，防止风险积累。加强金融监管协调，防范风险跨行业传递。完善保险监管与地方人民政府以及公安、司法、新闻宣传等部门的合作机制。健全保险保障基金管理制度和运行机制。

九 加强基础建设，优化保险业发展环境

（二十五）全面推进保险业信用体系建设。加强保险信用信息基础设施建设，扩大信用记录覆盖面，构建信用信息共享机制。引导保险机构采取差别化保险费率等手段，对守信者予以激励，对失信者进行约束。完善保险从业人员信用档案制度、保险机构信用评价体系和失信惩戒机制。

（二十六）加强保险业基础设施建设。加快建立保险业各类风险数据库，修订行业经验生命表、疾病发生率表等。组建全行业的资产托管中心、保险资产交易平台、再保险交易所、防灾防损中心等基础平台，加快中国保险信息技术管理有限责任公司发展，为提升保险业风险管理水平、促进行业转型升级提供支持。

（二十七）提升全社会保险意识。发挥新闻媒体的正面宣传和引导作用，鼓励广播电视、平面媒体及互联网等开办专门的保险频道或节目栏目，在全社会形成学保险、懂保险、用保险的氛围。加强中小学、职业院校学生保险意识教育。

十　完善现代保险服务业发展的支持政策

（二十八）建立保险监管协调机制。加强保险监管跨部门沟通协调和配合，促进商业保险与社会保障有效衔接、保险服务与社会治理相互融合、商业机制与政府管理密切结合。建立信息共享机制，逐步实现数据共享，提升有关部门的风险甄别水平和风险管理能力。建立保险数据库公安、司法、审计查询机制。

（二十九）鼓励政府通过多种方式购买保险服务。鼓励各地结合实际，积极探索运用保险的风险管理功能及保险机构的网络、专业技术等优势，通过运用市场化机制，降低公共服务运行成本。对于商业保险机构运营效率更高的公共服务，政府可以委托保险机构经办，也可以直接购买保险产品和服务；对于具有较强公益性，但市场化运作无法实现盈亏平衡的保险服务，可以由政府给予一定支持。

（三十）研究完善加快现代保险服务业发展的税收政策。完善健康保险有关税收政策。适时开展个人税收递延型商业养老保险试点。

落实和完善企业为职工支付的补充养老保险费和补充医疗保险费有关企业所得税政策。落实农业保险税收优惠政策。结合完善企业研发费用所得税加计扣除政策，统筹研究科技研发保险费用支出税前扣除政策问题。

（三十一）加强养老产业和健康服务业用地保障。各级人民政府要在土地利用总体规划中统筹考虑养老产业、健康服务业发展需要，扩大养老服务设施、健康服务业用地供给，优先保障供应。加强对养老、健康服务设施用地监管，严禁改变土地用途。鼓励符合条件的保险机构等投资兴办养老产业和健康服务业机构。

（三十二）完善对农业保险的财政补贴政策。加大农业保险支持力度，提高中央、省级财政对主要粮食作物的保费补贴，减少或取消产粮大县三大粮食作物保险县级财政保费补贴。建立财政支持的农业保险大灾风险分散机制。

各地区、各部门要充分认识加快现代保险服务业发展的重要意义，把发展现代保险服务业作为促进经济转型、转变政府职能、带动扩大就业、完善社会治理、保障改善民生的重要抓手，加强沟通协调，形成工作合力。有关部门要根据本意见要求，按照职责分工抓紧制定相关配套措施，确保各项政策落实到位。省级人民政府要结合实际制定具体方案，促进本地区现代保险服务业有序健康发展。

国务院

2014 年 8 月 10 日

浙江省人民政府关于进一步发挥
保险功能作用促进我省经济
社会发展的意见

各市、县（市、区）人民政府，省政府直属各单位：

为贯彻落实《国务院关于加快发展现代保险服务业的若干意见》精神，积极运用保险工具及机制推动我省完善现代金融体系、促进经济转型升级、创新社会治理方式、保障社会稳定运行、提升民生保障服务，现提出如下意见：

一　充分认识保险的重要作用

保险是现代经济的重要产业和风险管理的基本手段，是社会文明水平、经济发达程度、社会治理能力的重要标志。近年来，我省通过开展政策性农业保险、小额贷款保证保险、承运人责任险、校（园）方责任险等一批政保合作项目，利用保险机制支持地方经济社会发展取得了较好的成效。但还存在着覆盖面不够宽、区域特色不明显、功能发挥不充分等突出问题。进一步发挥保险的功能作用，有利于应对自然灾害风险，加强"三农"保障；有利于社会管理和公共服务创新，加快政府管理职能转变；有利于完善社会保障体系，满足多层次的社会保障需求；有利于加强对战略性新兴产业等重点领域和中小微企业等薄弱环节的保险支持，助推经济结构调整和转型升级；有利于优化金融资源配置效率，拓宽中长期直接融资渠道。当前我省正处于转型升级的关键时期，各地、各部门要充分认识保险的功能作用，立足于服务社会治理体系和治理能力现代化，把发展现代保险服务业放在经济社会工作整体布局中统筹考虑，将保险机制嵌入完善金融体系、改善民生保障、创新社会管理、促进经济提质增效升级、转变政府职能的制度设计，为全面建设惠及全省人民的小康社会提供保险服务和支持。

二 完善农业保险机制

（一）发展多种形式的农业保险。按照政府引导、市场运作、自主自愿和协同推进的原则，发展共保经营、互保合作等多种形式的农业保险。引导、支持农业保险经营机构提高我省基本农业品种保险的覆盖面和风险保障水平，加大力度发展地方特色农产品种植、水产养殖等保险业务，推动发展农业基础设施建设、农村住房、农业生产工具以及农民短期意外伤害保险等涉农保险业务，开发农产品目标价格保险、天气指数保险、环境和农产品质量保证保险、收益保险等新型险种。

（二）建立适应农业保险发展需要的服务体系。加强覆盖面广、管理规范、工作经费支持的农业保险基层服务体系建设，为农民和农业生产经营组织提供农业保险销售和理赔等服务。推广农村保险服务村试点，稳步扩大农村保险互助社试点，更好地满足农民多层次的保险服务需求。整合民政、农业、林业、渔业、水利、气象和保监等部门资源，建立农业保险信息共享机制，加强农业生产防灾减灾工作。

（三）加大对农业保险的支持力度。完善各级地方财政对农业保险的保费补贴政策。加强农业保险政策与各项支农惠农政策之间的协调与联动。鼓励金融机构对投保农业保险和涉农保险的农民、农业生产经营组织加大信贷支持力度，有条件的地方可以提供财政贷款贴息。进一步完善农业保险大灾风险分散机制，健全农业保险大灾风险准备金制度，积极争取国家农业保险大灾风险分散机制支持。

三　大力发展责任保险

采取政府引导、市场运作、立法保障等方式，大力发展责任保险，逐步建立事前风险预防、事中风险控制、事后理赔服务相统一的公共风险管理机制。推动出台环境污染强制责任保险试点工作的政策意见，在重金属、化工等重污染高风险行业试行强制性保险。以市为单位建立符合实际、相对成熟的医疗责任保险体系，基本覆盖所有公立医院及大部分私立医院，并进一步扩大到基层医疗组织。研究制订推广火灾公众责任保险的政策意见，在全省公众聚集场所、重要山场和易燃易爆危险物品生产、储存、经营等单位全面推广火灾公众责任保险，适时推动修订《浙江省消防条例》，通过立法对火灾高危单位推行火灾公众责任保险。研究实施安全生产责任保险制度，鼓励开展高危行业等特定领域和行业的责任保险。实施渔业捕捞生产雇主责任保险。积极推动食品安全责任保险试点工作。开展平安综治责任保险试点，探索建立群防群治保险工作机制。全面开展养老机构、残疾人托养服务机构综合责任保险。探索制订高气象灾害风险责任保险的政策意见，开展对易受台风、暴雨、大风等影响的高气象灾害风险单位的气象灾害风险责任保险。积极开发电子商务、信息技术等行业的责任保险产品。

四　统筹发展城乡医疗健康和养老保险

（一）完善医疗健康保险体系建设。各地要建立和完善城乡居民大病保险制度，鼓励有条件的地区探索建立覆盖职工、城镇居民、农村居民的统一的大病保险制度。积极引入市场机制，允许并鼓励有资质的保险机构承办大病保险。鼓励保险机构开发各类补充医疗保险。鼓励保险机构发展与基本医疗保险相衔接的商业健康保险，开发长期护理险、残疾人康复医疗保险以及与健康管理、养老等服务相关的健康保险产品。

（二）加强养老保险服务。落实免税、延期征税等优惠政策，加快发展企业年金、职业年金、商业养老保险，建立多层次的养老保障体系。开展住房反向抵押养老保险试点。

（三）加强农村居民、流动人口、未成年人、残疾人等群体的保险保障体系建设。大力发展小额人身保险，推广新农合补充意外保险、未成年人意外保险，积极探索针对农村居民、流动人口、失独老人、残疾人等群体保障的新模式，不断提高低收入群体和社会弱势群体的保险覆盖面。

五　开展保险产品创新

（一）推广小额贷款保证保险。在第一批 22 个试点县（市、区）开展小额贷款保证保险工作的基础上，推动以市为单位统筹开展小额贷款保证保险。加强政银保合作，坚持"小额、分散"的原则，重点在产品开发、风险管理、专业化人才队伍建设、风险补偿等方面加大工作力度，利用小额贷款保证保险为小微企业、创业者和农户等小额贷款人提供信用增级，实现"无抵押、无担保"融资。当地财政可建立小额贷款保证保险超赔风险准备金，有条件的地方可对小额贷款保证保险业务进行保费补贴或奖励。对开展小额贷款保证保险业务的保险机构可按规定享受相关财税政策。鼓励保险机构探索为私募债等提供担保增信机制，鼓励发展资产监管责任保险、小微企业贷款担保责任保险、小微企业履约保证保险等保险产品，为小微企业提供增信服务。

（二）大力发展出口信用保险。为企业开展对外贸易和"走出去"提供投资、运营、劳动用工等方面的一揽子保险服务。完善小微企业承保模式，扩大小微企业出口信用保险覆盖面。积极支持战略性新兴产业领域的重点产品、技术、服务利用出口信用保险开拓国际市场，加大大型成套设备出口综合金融支持力度。探索建立由商务、海关、外管、信保等单位参与的信用风险预警信息平台，为企业发布相关风险预警和资讯等信息。推动发展进口信用险和国内贸易信用险，进一步发挥信用保险的融资功能。

（三）深化科技保险创新试点。开发支持科技产业发展的新型保险产品，为科技企业的技术创新和融资提供全方位保险支持。扩大科技型中小微企业贷款保证保险规模，发展专利执行和责任保险，推进首台（套）重大技术装备质量保证保险和产品责任保险试点工作。加大对科技人员的保险服务力度。充分发挥我省电子商务发达的优势，创新发展互联网保险产品和服务。

六　探索建立区域性巨灾保险制度

针对我省台风等自然灾害多发的情况，积极争取国家巨灾保险政策支持，采取政府主导、财政支持、保险机构运作的方式开展区域性巨灾保险试点工作。建立多层级的巨灾风险分担机制，推动商业保险更好地参与巨灾保险体系建设，着力提高经济社会的风险保障程度。加强对巨灾保险的宣传教育，提高公众的巨灾风险意识和参保积极性。

七　拓宽保险资金投资渠道

充分发挥保险资金长期性和稳定性的优势，拓宽保险资金投资渠道，为我省重点项目建设和产业转型升级提供中长期直接融资。建立保险资金投资项目资源库，加强与各类保险机构的交流合作，形成保险资金与我省重点项目的常态对接机制。吸引保险资金以债权投资计划、股权投资计划等多种形式，为重大基础设施、城市基础设施、城镇化建设等民生建设和重点工程提供长期资金支持。支持保险资金开展养老实体、医疗机构等相关领域的股权和不动产投资。鼓励保险公司通过投资企业股权、债权、基金、资产支持计划等多种形式，在合理管控风险的前提下，为科技型企业、小微企业、战略性新兴产业等发展提供资金支持。整合资源，建立多元化的保险资金投资增信机制，提高保险资金运用水平。

八　推动保险组织创新

完善并落实相关政策，吸引各类资本参股或设立总部在浙江的保险法人机构，支持设立区域性、专业性保险公司。争取设立服务海洋开发的专业性保险法人机构，积极发展航运保险，为深入实施海洋经济发展示范区国家战略提供风险保障。争取设立专业性农业保险法人机构，着力提高农业保险的承保服务能力。争取设立专业性科技保险法人机构，开发适应科技创新的保险产品和服务。引导、支持省内已有的保险法人机构通过增资扩股、引进战略投资者等方式，完善法人治理结构，增强综合实力。探索发展相互保险组织、自保公司、保险合作社等新型保险业态。加大政策支持，吸引国内外保险机构的中小微企业保险、互联网保险、保险资产管理等专营机构，以及地区总部、研发中心、培训中心、信息中心、后援中心等入驻我省，引进责任保险、养老保险、健康保险、农业保险等专业性保险公司以及外资保险公司在我省开设分支机构。积极培育专业化、专属性保险中介机构。

九　促进保险行业规范发展

保险机构要进一步转变经营理念，创新发展模式，从服务全省经济社会发展出发，加大力度开发符合我省实际的特色险种。财险公司要改变车险独大的业务结构，加快责任险、信用险等非车险业务的发展。寿险公司要加强长期保障型业务发展，深入参与多层次社会保障体系建设。保险中介机构要在风险定价、防灾防损、风险顾问、损失评估、理赔服务等方面发挥积极作用。充分发挥行业协会的自律作用，加强保险从业人员诚信教育，培育保险诚信文化。保险机构应当公平合理地拟订保险条款和保险费率，建立保险纠纷快速处理机制，切实保护被保险人的合法权益，维护公平竞争的保险市场秩序。健全消费者权益保障机制，依法惩治销售误导、拖赔惜赔等行为，着力解决销售误导和理赔难问题。严厉打击保险欺诈和侵占、挪用保险资金等违法违规行为。

十　加强组织领导和政策支持

（一）加强领导和协调。各级政府要从服务我省经济持续健康发展与社会和谐稳定的大局出发，积极推进保险服务地方经济社会发展的相关工作。要完善各职能部门与保险监管部门的协调合作机制，形成多层次联动监管格局，促进行业监管政策与地方改革发展政策的协调统一。支持保险业积极参与灾害事故防范救助工作，各级政府应将保险监管部门、保险行业协会纳入地方应急管理体系。建立保险业突发事件和群体性事件预防处置工作机制，增强风险应急处置和疏导化解能力。

（二）明确责任分工。对社会公众迫切需要但又无法完全商业化运作的一批重点政保合作项目，要明确牵头部门，加大推动落实力度。省金融办要承担综合协调、信息汇总和相关政策研究工作，牵头推广小额贷款保证保险以及推动保险资金运用工作；由省发改委牵头，完善我省农业保险运行机制；由省农业厅、省林业厅和省海洋与渔业局牵头，分别开展农业、林业和渔业、涉渔、海洋领域的互助保险工作；由省环保厅牵头，推进高环境风险企业的环境污染强制责任保险试点工作；由省卫生计生委牵头，开展医疗责任保险扩面工作；由省公安厅牵头，在公众聚集场所和易燃易爆等单位推广火灾公众责任保险；由省安监局和浙江保监局牵头，研究实施高危行业安全生产责任保险制度；由省食品药品监管局牵头，推动食品安全责任保险试点工作；由省综治办牵头，开展平安综治责任保险试点工作；由省民政厅牵头，全面开展养老机构综合责任保险；由省残联牵头，推进残疾人托养服务机构综合责任保险和残疾人意外伤害保险；由省气象局牵头，探索开展高气象灾害风险责任保险工作；由省人力社保厅牵头，推广城乡居民大病医保扩面工作；由省商务厅牵头，推动发展出口信用保险；由省科技厅牵头，推进科技保险工作；由省经信委牵头，推进首台（套）重大技术装备质量保证保险和产品责任保险试点工作；由浙江保监局和省金融办牵头，探索开展区域性巨灾保险试点工作。

（三）加大政策支持。加快推进农业保险、责任保险等地方立法。对于商业保险机构运营效率更高的公共服务，政府可以委托保险机构经办，也可以直接购买保险产品和服务。切实改变财政资金的投向和使用环节，从直接分配资金、项目到企业改变为保费补贴、风险补偿等方式。有条件的地方可建立保险业发展专项资金，对支持地方经济社会发展成效突出的政保合作项目和保险创新业务给予奖励。支持有条件的地方制订并落实相关优惠政策，对引进或组建的保险法人机构或地区总部机构给予费用补贴，对于高端保险管理技术人才在住房等方面给予优待和便利，吸引保险机构、人才、资金聚集。落实和完善企业为职工支付的补充养老保险费和补充医疗保险费有关企业所得税政策。保险机构经营农业保险业务依法享受税收优惠。企业依照国务院有关主管部门或者省政府规定的范围和标准为在职直接从事研发活动人员缴纳的基本养老保险费、基本医疗保险费、失业保险费、工伤保险费、生育保险费和住房公积金，可以纳入税前加计扣除的研究开发费用范围。

（四）积极开展保险知识宣传教育。加强舆论引导，大力宣传保险服务经济社会的功能作用、政保合作成功经验以及相关政策法规，为保险业改革发展营造良好的舆论环境。把现代保险知识纳入各级行政学院的常规学习培训内容。鼓励中小学校开展保险知识讲座。鼓励和支持省内高等院校开设保险类专业和课程，支持高等院校、科研院所开展保险研究和教育培训服务。积极开展保险知识进社区、进农村活动，宣传普及保险知识，倡导理性投保、诚信理赔、依法维权。

浙江省人民政府

2014 年 9 月 2 日

参考文献

一　中文著作及译著

程倩：《论政府信任关系的历史类型》，光明日报出版社，2009。

曹兴权：《保险缔约信息义务制度研究》，中国检察出版社，2004。

邓成明：《中外保险法律制度比较研究》，知识产权出版社，2002。

狄骥：《公法的变迁》，郑戈译，商务印书馆，2013。

狄骥：《宪法论》第一卷，钱克新译，商务印书馆，1959。

樊启荣：《保险契约告知义务制度研究》，中国政法大学出版社，2004。

高鹏程：《危机学》，社会科学文献出版社，2009。

高小平、靳江好：《政府管理与服务方式创新》，国家行政学院出版社，2008。

郭道晖：《社会权力与公民社会》，译林出版社，2009。

郭仲伟：《风险分析与决策》，机械工业出版社，1987。

何显明：《信用政府的逻辑》，学林出版社，2007。

江朝国：《保险法基础理论》，中国政法大学出版社，2002。

金涛：《保险资金运用的法律规制》，法律出版社，2012。

金自宁：《风险中的行政法》，法律出版社，2014。

金自宁编译《风险规制与行政法》，法律出版社，2012。

李亚敏：《中国保险资金投资资本市场的收益与风险研究》，知识产权出版社，2010。

林宝清：《保险发展模式论》，中国金融出版社，1993。

刘莘：《诚信政府研究》，北京大学出版社，2007。

刘益灯：《国际消费者保护法律制度研究》，中国方正出版社，2005。

吕艳滨：《信息法治政府治理新视角》，社会科学文献出版社，2009。

罗忠敏、王力：《中国保险业竞争力报告》，中国社科文献出版社，2013。

孟昭亿：《保险资金运用国际比较》，中国金融出版社，2005。

彭华民：《西方社会福利理论前沿》，中国社会出版社，2009。

少银华：《日本经典保险案例判例评释》，法律出版社，2002。

沈岿：《风险规制与行政法新发展》，法律出版社，2013。

史纹清：《中国商业保险监督管理问题》，经济科学出版社，1999。

苏力：《法律与文学》，生活·读书·新知三联书店，2006。

孙祁祥、郑伟《保险制度与市场经济》，经济科学出版社，2009。

孙祁祥、郑伟等：《保险制度与市场经济——历史、理论与实证考察》，经济科学出版社，2009。

唐铁汉、袁曙宏：《公共管理创新》，国家行政学院出版社，2007。

童中贤：《现代社会管理》，中国社会科学出版社，2012。

王海明：《保险格式条款》，中国社科文献出版社，2010。

王丽莉:《服务政府:从概念到制度设计》;知识产权出版社,2009。

王新红:《转型时期宏观调控中的政府信用及其法治保障研究》,人民出版社,2011。

吴定富:《中国风险管理报告》(2009),中国财政经济出版社,2009。

吴焰:《中国非寿险市场发展研究(2010 年)》,中国经济出版社,2011。

夏传玲:《权杖和权势——组织的权力运作机制》,中国社会科学出版社,2008。

许纪霖:《公共性与公共知识分子》,江苏人民出版社,2003。

薛晓源等:《全球化与风险社会》,社会科学文献出版社,2005。

薛秀军:《直面风险——现代性困境与当代中国求解》,厦门大学出版社,2010。

姚尚建:《风险化解中的治理优化》,中央编译出版社,2013。

叶金强:《公信力的法律构造》,北京大学出版社,2004。

尹贻林、陈伟珂、王亦虹:《公共政策的风险评估》,科学出版社,2012。

俞可平:《论国家治理现代化》,社会科学文献出版社,2014。

张恒山:《当代中国社会管理创新》,中共中央党校出版社,2012。

张维迎:《产权、政府与信誉》,生活·读书·新知三联书店,2001。

章延杰:《政府信用论》,上海人民出版社,2007。

赵国贤:《美国保险监管及法规》,经济管理出版社,2005。

郑也夫:《信任论》,中国广播电视出版社,2001。

中国保监会：《各国保险法规译编》，中国金融出版社，2000。

周国雄：《博弈——公共政策执行力与利益主体》，华东师范大学出版社，2008。

周文翠：《社会主义和谐社会视域下政府信用问题的伦理审视》，中国社会科学出版社，2011。

〔美〕朱迪·弗里曼：《合作治理与新行政法》，毕洪海、陈标冲译，商务印书馆，2010。

〔美〕埃米特·J.沃恩、特丽莎·M.沃恩：《危险原理与保险》，张洪涛等译，中国人民大学出版社，2002。

〔美〕埃瑞克·班克斯：《巨灾保险》，杜墨、任建畅译，中国金融出版社，2011。

〔英〕安东尼·吉登斯：《民族-国家与暴力》，生活·读书·新知三联书店，1998。

〔英〕安东尼·吉登斯：《为社会学辩护》，社会科学文献出版社，2003。

〔波兰〕彼得·什托姆普卡：《信任：一种社会学理论》，程胜利译，中华书局，2005。

〔波兰〕彼得·什托姆普卡：《社会变迁的社会学》，北京大学出版社，2011。

〔美〕伯纳德·巴伯：《信任——信任的逻辑和局限》，牟斌等译，福建人民出版社，1989。

〔美〕C.曼特扎维诺斯：《个人、制度与市场》梁海音、陈雄华、帅中明译，长春出版社2009。

〔美〕戴维·莫斯：《别无他法——作为终极风险管理者的政府》，何平译，人民出版社，2014。

〔美〕道格拉斯·C. 诺思著:《制度、制度变迁与经济绩效》,杭行译,韦森审校,上海人民出版,2008 年版。

〔澳〕菲利普·佩迪特:《人同此心——论心理、社会与政治》,应奇等译,吉林出版集团有限公司,2010。

〔德〕H. 哈肯:《信息与自组织》,四川教育出版社,1988。

〔美〕马克·E. 沃伦主编《民主与信任》,吴辉译,华夏出版社,2004。

〔美〕迈克尔·豪利特、M. 拉米什:《公共政策研究:政策循环与政策子系统》,庞诗等译,生活·读书·新知三联书店,2006。

〔美〕诺内特、塞尔兹尼克:《转变中的法律与社会——迈向回应型法》,张志铭译,中国政法大学出版社,1994。

〔美〕乔治·E. 瑞达:《风险管理与保险原理》,刘春江、王欢译,中国人民大学出版社,2010。

〔美〕乔治·弗雷德里克森:《公共行政的精神》,张成福等译,中国人民大学出版社,2003 年版。

〔美〕史蒂文·科恩、威廉·艾米克:《新有效公共管理者》,王巧玲、潘娜等译,中国人民大学出版社,2002。

〔美〕斯蒂格利茨:《经济学》第二卷上册,中国人民大学出版社,2000。

〔美〕唐纳德·凯特尔:《权力共享公共治理与私人市场》,孙迎春译,北京大学出版社,2009。

〔德〕乌尔里希·贝克:《风险社会》,何博闻译,译林出版社,2004。

〔英〕谢尔顿·克里姆斯基、多米尼克·戈尔丁:《风险的社会理论学说》,徐元玲、孟毓焕、徐玲等译,北京出版社,2005。

〔美〕雅科夫·Y. 海姆斯:《风险建模、评估和管理》,胡平等译,西安交通大学,2007。

〔英〕伊丽莎白·费雪:《风险规制与行政宪政主义》,沈岿译,法律出版社,2012。

〔美〕詹姆斯·Q. 威尔逊:《政府机构的作为及其原因》,孙艳译,生活·读书·新知三联书店,2006。

二 论文

陈振明:《社会管理格局和体系建构的理论基础》,《甘肃行政学院学报》2008 年第 4 期。

崔艳武、高晓红、汤万金:《公共风险、社会风险与公共部门风险管理——基于国内外文献挖掘的理论思考》,《标准科学》2013 年第 2 期。

范柏乃:《我国地方政府信用缺失的治理对策研究》,《公共管理学》2005 年第 1 期。

傅蔚冈:《对公共风险的政府规制——阐释与评述》,《环球法律评论》2012 年第 2 期。

傅蔚冈:《合规行为的赔偿机制——基于风险社会的视角》,《交大法学》2011 年第 2 卷。

谷明淑:《发展我国责任保险的对策》,《辽宁大学学报》2005 年第 3 期。

鞠珍艳:《大力发展食品安全责任保险的思考》,《中国保险》2009 年第 11 期。

李诗源:《保险能否承此之重——刍议保险的社会管理功能》,《青海金融》2005 年第 2 期。

李勇杰:《发展农业相互保险制度》,《上海保险》2004 年第 12 期。

廖建民:《我国保险资产管理行业的发展和展望》,《中国金融》2010 年第 3 期。

林宝清:《论保险功能说研究的若干逻辑起点问题》,《金融研究》2004 年第 9 期。

刘冬娇、阎石:《责任保险的社会管理功能及其实现》,《金融理论与实践》2005 年第 1 期。

刘芙、吕东韬:《我国农业保险立法模式构想》,《农业经济》2003 年第 8 期。

刘京生:《论新经济与保险业的持续发展》,《保险研究》2001 年第 1 期。

刘尚希:《论公共风险》,《财政研究》1999 年第 9 期。

刘尚希:《论政府的公共主体身份与财政风险的两个层次》,《现代财经》2005 年第 6 期。

刘熙瑞:《服务型政府:经济全球化背景下中国政府改革的目标选择》,《中国行政管理》2002 年 7 期。

蒲莉:《我国环境损害责任保险制度的若干问题研究》,《华中科技大学学报》2005 年第 3 期。

上官酒瑞:《从人格信任走向制度信任——当代中国政治信任变迁的基本图式》,《学习与探索》2011 年第 5 期。

施建祥:《我国巨灾保险风险证券化研究——台风灾害债券的设计》,《金融研究》2006 年第 4 期。

唐金成、刘子萍:《社会管理视角的食品安全责任保险发展策略》,《广西大学学报》2012 年第 6 期。

庹国柱、朱俊生：《关于发展我国政策性农业保险的几个问题探讨》，《金融教学与研究》2004 年第 6 期。

王和、皮立波：《我国农业保险制度应实施"三阶段推进"战略》，《经济研究参考》2004 年第 31 期。

魏华林、李金辉：《论充分发挥保险的社会管理功能》，《保险研究》2003 年第 11 期。

魏华林：《论人类对保险功能的认识及其变迁》，《保险研究》2004 年第 2 期。

温志强：《预警型公共危机管理体系构建》，《前沿》2012 年第 15 期。

谢家智、蒲林昌：《政府诱导型农业保险发展模式研究》，《保险研究》2003 年第 11 期。

尹婵娟、王君彩：《保险社会治理功能指数建构与应用研究》，《中央财经大学学报》2012 年第 6 期。

滕焕钦、张芳洁：《政府公共风险管理效用目标探索》，《山东社会科学》2011 年第 1 期。

游志斌、杨永斌：《国外政府风险管理制度的顶层设计与启示》，《行政管理改革》2012 年第 5 期。

张康之：《在历史的坐标中看信任——论信任的三种历史类型》，《社会科学研究》2005 年第 1 期。

张茉楠、李汉铃：《不确定性情境下决策主体认知适应性研究的范式探索》，《中国软科学》第 2003 年第 12 期。

张金林：《现代保险功能：一般理论与中国特色》，《中南财经政法大学学报》2004 年第 6 期。

郑春燕：《现代行政过程中的行政法律关系》，《法学研究》2008

年第 1 期。

周雪光：《权威体制与有效治理：当代中国国家治理的制度逻辑》，《开放时代》2011 年第 10 期。

刘宽亮：《再保险创新及其监管研究》，南开大学，博士论文，2009。

梅雪松：《保险投资研究》，湖南大学，博士论文，2007。

潘国臣：《保险企业创新能力问题研究》，武汉大学，博士论文，2005。

三　外文文献

Cummins, J. D. and O. Mahul, *Catastrophe Risk Financing in Developing Countries Principles for Public Intervention*, Washington, D. C.：World Bank Publications, 2009.

Robert G. Chambers（1989）, "Insurability and Hazard in Agricultrural Insurance Makrets," *American Journal of Agricultural Economics*, 1989.

Gidens, A. , *Modernity and Self-Identity*, Stanford Uniwersity Press, 1991.

Hart, Vivien, *Distrust and Democracy：Political Distrust in Britain and American*, Cambridge University Press, 1978.

Hirsch, W. Z, *Law and Economics：An Introductory Analysis*, Academic Press, 1979.

Loehman, E. and C. Nelson, "Optimal Risk Management, Risk Aversion, and Production Func-tion Properties," *Journal of Agricultural and Resources Economics*, 17（2）, 1992.

Maddala, G. S. , *Limited Dependent and Qualitative Variables in*

Econometrics, Cambridge Uni-versity Press, 1983.

NiklasLuhmann, *Trust and Power*, John Wiley&Sons Ltd. , 1979.

Posner, R. A. , *The Law and Economics Movement*, AER Papers and Proceedings, May 1987.

Syed M. Ahsan, Ali A. G. Ali, and NJohn Kurian, "Toward a Theory of Agricultural Insurance," *American Journal of Agricultural Economics*, Vol. 64, No. 3, Aug, 1982.

UNISDR, *Living with Risk: A Global Review of Disaster Reduction Initiatives*, Geneva: UN Publications, 2004.

Zucker, L. G. , "Production of Trust: Institutional Sources of Economic Structure, 1840 – 1920," In B. M. Staw & L. Cummings (Eds), *Research in Organizational Behavior*, Greenwich, CT: JAI Press, 1986.

ØyvindIhlen, Betteke van Ruler, Magnus Fredriksson, *Public Relations and Social Theory*, Routledge, 2009.

后 记

在 2012 年的冬季调研期间，我大部分时间都泡在浙江省图书馆，围绕着当年省政府的一个"保险改革创新与社会治理"招标课题设计标书。当时，社会治理的话题大热，本人所涉不深；倒是保险，从最初的保险格式条款，到保险行政监管，继而延伸到保险分险的社会功能，如此的路径下来，到那时大概有个七八年之久。恍惚的岁月中，迷迷糊糊我自认为与保险结了缘。抱着"初生牛犊不怕虎"的勇气，我扎扎实实地在图书馆钻了一个多月，开始动手写课题申请书。在那些冬日的深夜里，万籁俱寂，孤灯一盏。申请书大约五千字，可我写了近一个月。感谢那些熬夜的时光，当我将申请书寄送出去后，对于保险与风险治理这一主题，胸中涌现出无限的研究热情和渴望，我已确知的是，无论申请书下文如何，接下来几年里，这一主题将是我思考研究的重心了。

随后，在浙江省社科规划办资助的"之江青年"立项课题中，我申报了"风险社会与政府治理"这一主题，这一研究主题过于宏大，我随后将政府治理限缩于政府公信这一点展开思考。这一思考的论文刊发后，被人大报刊复印资料全文转载，一万八千次的转载量，无疑是对这一研究最好的回报。

大约在五月份，我收到了中标的短消息。其实，这仅仅是省里的一个软科学课题，算不上重量级课题。但当时我还是很激动，毕竟，这样的一个选题有个课题来支撑，调研起来方便很多。

那一段时光是忙碌而充实的。在短短的几个月，我调研了浙江省保险业改革创新的诸多做法，从保险业参与社会治理的视角，考察其参与公共风险治理的功能、价值、路径，以及实践举措。我写了大约八万字的调研报告。当然，其间最纠结的是需就省内情况提交一个三千字的中期研究政策建议稿。政策建议稿篇幅大概三千字，要言不烦。充满压力的日子来了，政策建议稿从一万五千字压缩到六千字，从六千字压缩到四千字，从四千字压缩到三千字，六易其稿。那些日子，有忐忑，有郁闷，有兴奋。稿子最终定下来，我把它送交上去。大约过了半个月，来消息说政策建议稿已获相关部门肯定，可以正常结题。一时压力释放，悬心安定。到年底，这一课题结题政策建议稿也获得有关部门的认可。

2014 年初，我整理这个课题的研究，有了八九万字的调研报告，决定继续挖掘，用两年的时间去做点东西。接下来，工作上琐琐碎碎的事消耗诸多的精力，书稿写作思绪时时遇挫受阻，有个阶段，提笔无语，下笔无神，竟生发放弃的念头。

那是 2014 年酷夏的一个晚上，我漫步在西郊的一条河边。河水潺潺，在幽暗的河堤草丛深处，有几处忽明忽暗的米粒之光——萤火虫。闹市的生活，让我们忘却了这夏季的小精灵。不经意间，这些寂寂的萤火虫像流星一样闯进驻足者的视野，让人感慨。生活在这样一个不凡的热闹时代，寂寞且行的平凡人等，正如萤火之虫，虽仅有米粒之躯，如是的不完美，但仍可感念感怀，闪烁其间。

在这个酷夏，我终于一鼓作气完成了本书的初稿。草成的初稿，仍存在诸多的粗糙之所。在后续的一年多，我断断续续地修改着。虽然这些文字浅陋，但至少一路下来，我是极其认真地对待它们。这些文字能够被付印，这一过程有许多人对本书的完稿做出了直接或间接的贡献。

我要衷心感谢的有浙江省社科院法学研究所毛亚敏研究员、产业经济研究所沙虎居研究员和李东华研究员、华东政法大学知识产权学院尹腊梅副教授、华东政法大学经济法学院何颖副教授，他们对书稿提出建议和评审意见，对本书使用某些用语、概念和篇章布局都做出过贡献。浙江省政研室俞海军调研员、中国保险监督管理委员会浙江监管局肖涛处长、朱园圆博士和袁冠祺为本书中的调研和数据提供了诸多帮助，在多次的讨论过程中，袁冠祺为文稿中的政策建议提出过极其有益的见解。

我要衷心感谢我所在的浙江省社科院的各位领导和同事，是他们对我的研究给予了无私和耐心的支持。如果没有这种支持，《保险协同治理研究》将无法问世。此外，诸位多年的朋友魏雁飞博士、应小军主任律师、酷爱诗文的俞起律师，也给了我热情的鼓励，谢谢他们。

我还要十分感谢社会科学文献出版社的编辑们，感谢他们及时提出完善的建议，以及为本书出版所做的辛勤工作。

最后，我要特别感谢家人的理解和支持。在这个异常喧闹的城市，我还能在夜深人静之际安下心来写点什么，有赖于家人的支持！

王海明

2017 年 8 月于杭州

图书在版编目（CIP）数据

保险协同治理研究 / 王海明著. -- 北京：社会科
学文献出版社，2017.11
（中国地方社会科学院学术精品文库. 浙江系列）
ISBN 978-7-5201-1696-1

Ⅰ. ①保…　Ⅱ. ①王…　Ⅲ. ①保险管理-研究-浙江
Ⅳ. ①F842.755

中国版本图书馆 CIP 数据核字（2017）第 267728 号

中国地方社会科学院学术精品文库·浙江系列

保险协同治理研究

著　　者 / 王海明

出 版 人 / 谢寿光
项目统筹 / 宋月华　吴　超
责任编辑 / 吴　超　刘晶晶

出　　版 / 社会科学文献出版社·人文分社（010）59367215
　　　　　　地址：北京市北三环中路甲 29 号院华龙大厦　邮编：100029
　　　　　　网址：www.ssap.com.cn
发　　行 / 市场营销中心（010）59367081　59367018
印　　装 / 三河市尚艺印装有限公司

规　　格 / 开　本：787mm×1092mm　1/16
　　　　　　印　张：16.25　字　数：200 千字
版　　次 / 2017 年 11 月第 1 版　2017 年 11 月第 1 次印刷
书　　号 / ISBN 978-7-5201-1696-1
定　　价 / 89.00 元